PLANEJE
O EXCELENTE,
GOVERNE
O POSSÍVEL E
ENTREGUE
O INIMAGINÁVEL

FABRICIO OLIVEIRA
A visão que transformou Balneário Camboriú o m² mais valorizado do Brasil

Prefácio de Paulo Vieira, PhD

PLANEJE O EXCELENTE, GOVERNE O POSSÍVEL E ENTREGUE O INIMAGINÁVEL

Um novo modelo de liderança para tempos decisivos

Gente editora

Diretora
Rosely Boschini

Diretora Editorial
Joyce Moysés

Editora Sênior
Audrya de Oliveira

Assistente Editorial
Camila Gabarrão

Produção Gráfica
Leandro Kulaif

Preparação
Elisabete Franczak Branco

Capa
Plinio Ricca

Projeto Gráfico
Marcia Matos
Joyce Matos

Diagramação
Joyce Matos

Revisão
Wélida Muniz
Andresa Vidal

Impressão
Grafilar

R. Dep. Lacerda Franco, 300 – Pinheiros
São Paulo, SP – CEP 05418-000
Telefone: (11) 3670-2500
Site: www.editoragente.com.br
E-mail: gente@editoragente.com.br

Dados Internacionais de Catalogação na Publicação (CIP)
Angélica Ilacqua CRB-8/7057

Oliveira, Fabricio
Planeje o excelente, governe o possível e entregue o inimaginável : um modelo de liderança para tempos decisivos / Fabricio Oliveira. - São Paulo : Editora Gente, 2025.
144 p.

ISBN 978-65-5544-659-3

1. Liderança 2. Desenvolvimento pessoal 3. Desenvolvimento profissional I. Título

25-3766 CDD 658.4012

Índices para catálogo sistemático:
1. Liderança

NOTA DA PUBLISHER

Quando me lembro da Balneário Camboriú que conheci muitos anos atrás, e a comparo com a Balneário que visitei recentemente, vejo uma grande mudança: e não estou falando sobre como a cidade se expandiu nem como o metro quadrado foi valorizado, eu vejo uma mudança de cultura, de senso de pertencimento e de orgulho de se ter uma cidade tão maravilhosa como parte do litoral brasileiro.

Atribuo essa conquista, entre muitas outras, ao trabalho inspirador realizado pelo Fabricio Oliveira, um gestor público que passei a admirar. Sua visão e capacidade de realização promoveram impacto real e duradouro em Balneário Camboriú. Seu modelo de excelência, orientado para a construção concreta e para a realidade, sem ilusões, transformou a cidade em um exemplo vivo de que prosperidade e qualidade de vida podem caminhar juntas.

Quando conheci sua gestão de perto, entendi que não se tratava apenas de boa liderança, mas de um verdadeiro projeto pensado na população local e no crescimento regional. Fabricio uniu estratégia, sensibilidade e ação, criando um ecossistema que ultrapassou as fronteiras do município. Seu modelo inspirou cidades vizinhas, formando uma rede do bem focada no desenvolvimento através do orgulho regional.

Planeje o excelente, governe o possível e entregue o inimaginável revela esse olhar raro: a capacidade de sonhar grande sem perder o pé na realidade, de planejar com inteligência e executar com coragem. Fabricio não escreve como um teórico distante, mas como alguém que já construiu, que já enfrentou desafios complexos e que aprendeu, na prática, a transformar visão em resultados que mudam vidas.

Ao abrir este livro, você encontrará não apenas um legado, mas um método. Aqui, está o retrato de uma liderança que pensa no coletivo, investe no futuro e deixa um rastro positivo por onde passa, que mostra, com cada página, que excelência é fruto de trabalho, compromisso e amor por sua gente.

Aqui está um convite para aplicar esses aprendizados na sua realidade e transformar seu futuro, assim como Fabricio fez com a cidade que tanto ama.

Faça uma boa leitura!

ROSELY BOSCHINI
CEO e Publisher da Editora Gente

AGRADECIMENTOS

Em primeiro lugar, rendo a honra e a glória a Deus, fonte de vida, de sabedoria e de direção. Foi Ele quem sustentou meus passos, ergueu-me nos dias de fraqueza e me deu a graça de servir com propósito e esperança.

Agradeço a minha esposa, Mozara, companheira fiel de todos os dias, que com amor e coragem esteve a meu lado em cada desafio e em cada conquista. As minhas filhas, Sofia e Hadassa, presentes divinos que enchem minha vida de alegria e me lembram, a cada sorriso, da nobreza do legado que devemos deixar.

A meu pai, seu Zé, que já partiu, mas cuja memória permanece como herança eterna. Foi ele quem me ensinou a ternura no trato com as pessoas e plantou em meu coração a semente da vida pública, feita para servir e não para ser servido. A minha mãe, dona Marta, exemplo de intercessão incessante, de amor incondicional e de fé inabalável. Com ela aprendi que caráter e humildade são fortalezas que devem permanecer inegociáveis em qualquer circunstância.

A meus irmãos, José Júnior e Maurício – este último que partiu cedo demais, mas cuja lembrança continua a inspirar-me; não há um dia em que você, Maurício, não esteja vivo em meu coração. Aos meus sobrinhos, Francisco e Olga, filhos de José Júnior, que trazem alegria e continuidade a nossa família. A minha sempre cunhada Letícia e a meu sobrinho Henrique, filho do Maurício, que representam a vida pulsante dessa herança de fé, amor e família que permanece entre nós.

À igreja Embaixada do Reino de Deus, a meus pastores Michael e Liana que me presentearam com visão, direção e cobertura espiritual em cada etapa dessa jornada. À Pastora Zuleide, que liderou a valiosa equipe de intercessoras durante o governo, e a cada uma delas, cujo fervor e fidelidade em oração nos lembraram sempre de que as maiores batalhas se vencem de joelhos diante do altar. Aos amigos queridos, porto seguro em meio às tempestades, que em muitos momentos emprestaram-me seus ombros para me carregar. Aos colaboradores e servidores que com dedicação e lealdade compartilharam comigo a tarefa nobre de governar.

À população generosa de Balneário Camboriú, que me confiou o privilégio de representá-la como vereador e, mais tarde, como prefeito. Foi na confiança de vocês que encontrei forças para transformar trabalho em serviço e serviço em legado.

Também expresso minha gratidão ao Paulo Vieira, cujo ensinamentos ampliaram meu entendimento e fortaleceram minha jornada de crescimento pessoal e liderança.

E à maravilhosa equipe da Editora Gente, pelo cuidado, dedicação e excelência com que acolheram este projeto, tornando possível que estas palavras alcançassem ainda mais corações.

Tudo o que realizei não é apenas fruto de minhas mãos, mas de um conjunto de vidas que se entrelaçaram com a minha. A cada um de vocês, deixo registrado meu eterno reconhecimento. Que Deus, o Senhor da História, recompense a todos com bênçãos incontáveis e multiplique em suas vidas a mesma generosidade que recebi.

SUMÁRIO

OS MAIORES LÍDERES, OS MAIS SÁBIOS, OS MAIS INSPIRADORES, SÃO JUSTAMENTE AQUELES QUE NÃO PARARAM DE MERGULHAR EM SI.

Planeje o excelente, governe o possível e entregue o inimaginável

@FABRICIOOLIVEIRABC

PREFÁCIO

Toda grande conquista começa com um plano, mas um plano sozinho não passa de uma promessa. O que transforma promessa em realidade é a disciplina implacável de executar, a clareza para focar o essencial e a ação constante para governar o que está ao seu alcance.

E você: tem sido mestre em executar ou apenas em planejar? O livro *Planeje o excelente, governe o possível e entregue o inimaginável* é muito mais que um título, é um convite para viver com propósito e intensidade. Fabricio mostra, com a própria história, que a verdadeira força de um líder não vem do cargo, mas da coragem de servir. É no serviço ao próximo que a autoridade se revela e quem serve de verdade não comanda, mas inspira, multiplica e transforma.

Ao longo destas páginas, você será confrontado com uma verdade inegociável: a mentalidade é o terreno onde tudo começa. Se sua mente vive presa no medo e na escassez, seus resultados serão limitados. Porém, se você treinar sua mente para buscar excelência, autorresponsabilidade e confiança, algo extraordinário acontece: obstáculos viram degraus, crises se tornam oportunidades e cada barreira deixa de ser limite para se tornar alavanca.

É por isso que líderes extraordinários não fogem dos desafios. Eles entendem que cada desafio é uma convocação para crescer, expandir sua visão e multiplicar o impacto que deixam no mundo.

Planejar o excelente é não aceitar a mediocridade. É elevar o padrão, definir metas ousadas e assumir um compromisso inegociável com a própria evolução. Governar o possível é viver a disciplina diária, entender que a constância vence a intensidade passageira e que a grandeza se constrói nos pequenos atos de responsabilidade.

Entregar o inimaginável é resultado de fé, de visão e de um coração disposto a ir além de si mesmo para transformar vidas.

Fabricio ensina, com exemplos reais, que liderar é ter coragem de olhar para os próprios medos e superá-los em nome de algo maior. É assumir que a vida tem mais sentido quando deixamos de viver apenas para nós e nos colocamos a serviço de um propósito coletivo. Essa mentalidade transforma **organizações, vidas e gerações.**

Ao ler este livro, abra sua mente e seu coração. Permita-se ser desafiado a expandir seus limites e a se reconectar com a força que já existe em você. O inimaginável não está fora do seu alcance. Ele se manifesta quando você decide planejar com excelência, governar com disciplina e servir com generosidade. Esse é o caminho para resultados extraordinários e para alguém capaz de deixar um legado.

PAULO VIEIRA
Master coach, empresário, autor best-seller, palestrante e criador do maior treinamento de Inteligência Emocional do mundo (Método CIS)

DE BATURITÉ A DUBAI

Aquela foi uma eleição muito, *muito* difícil. Antes que você pense que vou falar de como superei todas as dificuldades para sair vitorioso, adianto logo: eu perdi, não fui eleito.

Era 2000, e eu fui convencido por várias pessoas próximas a me candidatar ao cargo de vereador de Balneário Camboriú, cidade do litoral norte de Santa Catarina, onde vivo desde os 11 anos. Não era meu sonho ser candidato naquela época e, se alguém me dissesse que, em futuras eleições, eu seria eleito duas vezes prefeito de um dos mais importantes destinos turísticos e empresariais do país, teria achado que a pessoa estava com a imaginação muito fértil. Porém, de alguma maneira, fui convencido a me candidatar e vivi situações inimagináveis para fazer minha campanha. E acabei perdendo. Contudo, cada sufoco daquele ano me trouxe para onde estou hoje. Não posso dizer que tudo valeu a pena, mas agradeço imensamente o aprendizado, e ao longo destas páginas vou compartilhar esse conhecimento com você.

Porém, antes de contar tudo o que aconteceu naquela eleição, preciso situar você, leitor, sobre quem sou eu para além da biografia do político que – pela orelha e pelo texto na contracapa deste livro – você já deve conhecer.

Vamos agora voltar um pouco na história, até chegar à primeira vez que me candidatei a um cargo público na esfera legislativa, quando tudo jogava contra mim.

Eu era o menino extremamente tímido que não conseguia falar nada em público. Quando digo “nada”, é nada mesmo; não é força de expressão! Já conheceu alguém assim? Eu fui essa pessoa, tinha uma timidez paralisante que me impedia até de apresentar trabalhos na escola. Aliás, nunca apresentei um trabalho na escola por conta disso.

Lembro como se fosse hoje, eu devia ter uns 10 ou 11 anos. Na sala de aula, eu me levantei e fui trêmulo até lá na frente, para tentar, mais uma vez, apresentar o trabalho que a professora havia passado. Eu tinha feito tudo o que ela pedira, mas, na hora de explicar para os colegas, todos com os olhos voltados para mim, travei. Nenhuma palavra saiu de minha boca. Foi aterrorizante. Logo depois, chorei escondido.

Toda criança é um pendrive vazio que vai acumulando informações. Depois desse episódio, gravei em meu pendrive a informação do medo de falar em público, e nunca mais tentei fazer uma apresentação escolar. Quando era preciso expor um projeto em grupo, eu dava um jeito de fazer qualquer outra coisa e colocar outra pessoa para falar em meu lugar lá na frente.

TODA CRIANÇA É UM PENDRIVE VAZIO QUE VAI ACUMULANDO INFORMAÇÕES.

Apesar disso, nunca tive problemas para me comunicar com as pessoas individualmente, por isso cultivei bons relacionamentos a vida inteira. No relacionamento um a um, eu era ótimo, afinal, não havia plateia para me julgar, e eu desenvolvi a habilidade de me conectar profundamente com as pessoas. Por isso, fui vendedor de picolé na praia, trabalhei na bilheteria de uma casa noturna, virei promoter de eventos e até me tornei gerente dessa mesma casa noturna onde fui bilheteiro, e fiquei conhecido como “o Fabricio do Baturité” (Baturité era o nome da casa noturna mais conhecida e badalada naqueles anos na região). Na época, eu não sabia, mas ali estava a raiz de meu desejo de servir ao outro, que me fazia ultrapassar as barreiras da comunicação. Por causa desse meu jeito de cultivar relacionamentos, tive a oportunidade de passar um tempo como conselheiro tutelar do município, e, por consequência, fui convencido a me candidatar à Câmara de Vereadores. Veja bem, o menino que não apresentava trabalhos, o jovem que não falava em público, aceitou o desafio de concorrer para vereador. Essa era a situação.

Meus irmãos duvidaram, é claro, e me questionavam: "Como vai ser vereador se não consegue falar para mais de duas pessoas? Como vai discursar?". Eram questões pertinentes.

De fato, a timidez me impediu de fazer até o comunicado oficial sobre minha candidatura em uma reunião para um grupo de dez amigos íntimos, pessoas próximas a mim! A solução foi colocar meu pai, seu Zé Oliveira, para fazer o discurso em meu lugar.

Ele era um homem muito erudito, culto, gostava de ler, tinha muito conteúdo e sabia falar bonito e "difícil". Então, no quintal de minha casa, com todo o traquejo que tinha, ele comunicou ao pequeno grupo ali presente minha decisão de tentar uma vaga na Câmara de Vereadores. Era minha primeira reunião de campanha, e quem falou foi meu pai! Depois disso, perguntei a meus amigos o que eles tinham achado, e eles disseram: "Não entendemos nada do que ele disse, mas, se o seu Zé tá dizendo, a gente vai apoiar sua candidatura".

Muitas vezes, um pai tem a capacidade de enxergar o propósito em seu filho, mas eu não enxergava isso em mim mesmo. Era como se ele dissesse: "A timidez não vai atrapalhar você de ser aquilo que nasceu para ser". É assim que Deus faz conosco, não permite que nossas limitações sejam impedimentos para que possamos manifestar nossa verdadeira identidade no momento certo.

E assim começou minha vida na política. Além da timidez de falar em público, logo no começo da campanha precisei lidar com um grande problema. Não foi fácil, mas, com muita economia, consegui juntar algum dinheiro e comprar um carro popular. *Agora, sim, vai dar certo*, pensei. Equipei o veículo com som, e ele se tornou meu escritório ambulante, armazenando todo o material da campanha.

No entanto, o que parecia ser a solução se transformou em mais um problema dos grandes. Logo no início daquela eleição, o carro foi roubado, com tudo o que havia dentro. E, não, eu não tinha seguro. Precisei fazer toda a campanha com a ajuda de amigos, que me davam carona para baixo e para cima. Também contei com a boa vontade de um mototaxista que me levava até as reuniões de campanha, com o cuidado de me deixar duas ruas antes, para ninguém ver que o candidato estava chegando de mototáxi. Se alguém perguntasse, eu dizia que tinha ido a pé...

Naquela hora, eu só conseguia pensar em como continuaria a campanha sem os "santinhos", os adesivos, as camisetas, as bandeiras, o próprio carro. Eu não tinha como comprar outro, não tinha mais dinheiro nem para o mototáxi, muito menos coragem para pedir qualquer outra coisa a meus amigos àquela altura.

Então, eu me recolhi, voltei à casa noturna onde eu trabalhava, e chorei. Chorei muito, da mesma forma que o Fabricio criança chorou quando não conseguiu apresentar o trabalho na escola.

Lembro como se fosse hoje. A faxineira, dona Luzia, me viu naquela situação e veio me consolar, e acabou chorando junto. Ela me abraçou, olhou em meus olhos e disse: "Isso não vai impedir você de conseguir o que quer. Você vai sair dessa mais forte, e ainda vai chegar lá!".

O resultado, você já sabe: perdi aquela eleição. Mas ganhei algo muito maior depois.

A DUBAI BRASILEIRA

Balneário Camboriú é uma cidade pulsante. Tem atualmente em torno de 140 mil habitantes, mas esse número passa de 1 milhão nos meses do verão. É considerado um município rico, tendo hoje o metro quadrado mais caro do Brasil, de acordo com alguns institutos de análise do setor imobiliário.

O apelido de Dubai Brasileira foi dado pela imprensa por volta de 2018, por causa da grande verticalização do território provocada, a princípio, pela alta densidade populacional e, depois, como estratégia de diferenciação mesmo. Na cidade, há muitos prédios e alguns arranha-céus, inclusive os três maiores edifícios residenciais da América Latina. O PIB (produto interno bruto) de Balneário Camboriú cresceu mais que o dobro do PIB brasileiro neste século XXI. Entre 2002 e 2020, o índice da cidade aumentou em média 4,7% ao ano, enquanto a economia brasileira cresceu em média 2% ao ano. Mas toda essa riqueza não vem exclusivamente do setor imobiliário do seu desenvolvimento econômico da cidade, não se engane. Vem também da geografia, da história e da gente dela.

Praias paradisíacas, paisagens deslumbrantes, clima ameno na maior parte do ano, mas quente o suficiente para atrair o turista de veraneio, e um povo batalhador desde sempre – além de acolhedor com os novos moradores e visitantes – fazem Balneário se destacar no cenário nacional e até internacional.

Até aqui falei da parte boa, mas uma cidade desse porte tem seus (não poucos) desafios.

Antes de me tornar prefeito de Balneário Camboriú pela primeira vez, perdi cinco eleições. Logo após aquela primeira tentativa frustrada de me eleger vereador, eu havia decidido nunca mais me candidatar a nada. Mas chegou a próxima eleição, e algo mexeu comigo. Talvez tenha sido mais uma lembrança de criança, quando eu pegava a bicicleta e ia na frente da casa do então prefeito apenas para cumprimentá-lo e depois contar aos colegas que tinha apertado a mão dele. Ou, talvez, tenha sido o sentimento de que eu poderia fazer muito mais pela cidade. O fato é que entendi que meu papel neste mundo era muito maior, e eu não deveria desistir tão fácil.

Eu não tinha mais apoio para aquela eleição de 2004, não tinha verba alguma para a campanha. Felizmente, recebi a visita de um primo acostumado a eleger políticos em outras cidades, e ele se propôs a ser meu coordenador de campanha. Fizemos um trato: levei-o para minha casa e cedi meu quarto para ele ficar enquanto eu dormia na sala. Ele fez um excelente trabalho enquanto eu me dedicava como nunca, sempre me lembrando do que dona Luzia havia profetizado: "Você vai chegar lá!".

Nesse tempo, também comecei a frequentar um pequeno grupo da Igreja Embaixada do Reino de Deus, da qual sou membro até hoje, a convite de um amigo, o Renato, e foi onde ouvi pela primeira vez sobre um Deus que fazia milagres e sobre os planos dEle para minha vida. O resultado foi uma votação astronômica. Fui o segundo vereador mais votado naquele ano. E esse foi o embrião de meu trabalho como gestor público à frente do município alguns anos depois. Foi também o início de uma caminhada com Deus que cultivo até hoje, na certeza de que todos os resultados que tenho na vida profissional e pessoal são frutos de meu relacionamento com Ele ao longo desses anos.

UMA ESTATÍSTICA QUE NÃO QUERÍAMOS

Quando assumi a prefeitura em 2016, havia uma coisa que me incomodava muito. Apesar de toda a exuberância dos edifícios, do turismo crescente e da qualidade de vida propagada pelo lugar todo, o índice de suicídios da nossa cidade era o dobro da média nacional. Diante desse dado, entendi que minha função era, além de cuidar da zeladoria da cidade, me responsabilizar também pelo emocional das pessoas, num sentido amplo.

Um governante deve exercer algo que chamo de "paternidade", no sentido de preocupação, proteção e cuidado – indo muito além de ser apenas um agente institucional politico com as atribuições legais e objetivas de zelar pelo bom funcionamento de um município. Ele deve ser um pai que cuida, protege e estabelece limites para as pessoas da cidade.

Por isso, logo que assumi o cargo de prefeito, criei o programa Abraço. O objetivo sempre foi cuidar das pessoas, pensando no bem-estar delas e da comunidade e na felicidade de todos, reduzindo o sofrimento daqueles que acreditavam que a melhor alternativa seria pular do alto de um edifício.

O ato de abraçar libera no corpo um hormônio chamado ocitocina.[1] É o chamado "hormônio do amor", que promove sentimentos positivos, como o apego, a conexão e a confiança. A produção da ocitocina ajuda as pessoas a reduzirem o estresse e a ansiedade, a curar a solidão e a raiva, e até aumenta a imunidade.

Fizemos uma pesquisa e descobrimos que as pessoas da cidade gostavam de se conectar em momentos especiais. Afinal, momentos especiais geram alegria: seja uma balada, um encontro numa praia, num café ou numa igreja. É o momento compartilhado que gera conexão humana e felicidade.

1 OS BENEFÍCIOS de um longo abraço. **Revista Pesquisa FAPESP**, set. 2005. Disponível em: https://revistapesquisa.fapesp.br/os-beneficios-de-um-longo-abraco. Acesso em: 26 jun. 2025.

E o programa Abraço foi criado para proporcionar momentos de conexão verdadeira entre as pessoas, para que compreendam a própria essência e vulnerabilidades e, com isso, libertem-se da solidão e se aproximem do outro, e ainda sejam agentes do despertar desse outro para a vida.

O resultado foi que diminuímos muito os índices de suicídio por meio do programa Abraço à Vida, que foi se espalhando para outras vertentes: Abraço à Mulher, Abraço ao Idoso, Abraço à Criança, Abraço ao Servidor... Essa metodologia foi muito eficaz no cuidado com os moradores da cidade, além de servir de espelho para outros municípios que querem fazer algo parecido.

Acredito que a transformação de uma cidade começa pela transformação interna de cada um. Depois, cada um se junta com outro e, aos poucos, uma corrente poderosa se forma. Isso faz nascer a identidade de uma cidade.

Você acha que conhecer projetos como este é relevante para sua vida de alguma maneira? Eu acredito que sim, por isso escrevi esta obra. Talvez você nem pense em ter uma atuação política tradicional, um cargo no Legislativo ou no Executivo, mas quem sabe queira mudar seu entorno, melhorar vidas a seu redor – incluindo a sua – e ser um líder à sua maneira para fazer a diferença. Se você amplia a consciência sobre seu papel, entende que pode agir localmente para mudar uma cidade, um país, o mundo!

Esse é o propósito deste livro. Quero mostrar que temos capacidade de melhorar quem somos nos conectando com as pessoas ao redor.

Minha proposta é que você escute o chamado para se tornar imparável. Que possa olhar para a cidade onde vive, para o local onde trabalha, para o condomínio onde mora ou, ainda, para a empresa que lidera e ter a certeza de que pode gerar impacto positivo sendo um agente de conexão e prosperidade (não apenas no sentido financeiro, e, sim, emocional), exercendo a "paternidade" sobre a coletividade à sua volta.

Aqui, você vai aprender sobre governo. Não no sentido institucional, mas como característica do ser humano, que governa as próprias emoções, entende as próprias fraquezas e vulnerabilidades e, com esse entendimento, descobre como fortalecer a si e contribuir com a própria comunidade, empresa, cidade, estado ou país.

NINGUÉM MARCHA PARA DEFENDER UM LÍDER, E SIM A VISÃO QUE ELE CARREGA.

Planeje o excelente, governe o possível e entregue o inimaginável

@FABRICIOOLIVEIRABC

Você também vai refletir sobre o verdadeiro sentido de política. Político não é aquele indivíduo que ocupa este ou aquele cargo. Políticos somos todos nós, porque somos seres que compartilham espaços com outras pessoas – o espaço do planeta, do continente, do país, do estado, do município, do bairro, da rua e, enfim, da casa que vivemos com nossa família.

Também vai entender que tudo se resume a uma visão e a como compartilhar sua visão com os demais. A visão deve ser maior que a cidade, que o líder, que o país inteiro. A falta de visão é o que faz empresas, pessoas e governos sucumbirem. Ninguém marcha para defender um líder, e sim para defender a visão que ele carrega.

O Brasil tem jeito, sim! Porque cada um de nós, individualmente, tem jeito. E podemos, com jeito, mudar nosso país.

Nas próximas páginas, vou contar como fiz para mudar a mim mesmo – do menino que tinha vergonha de falar na escola ao orador de grandes palcos que foi, inclusive, a Genebra, em uma conferência na sede da Organização das Nações Unidas (ONU), defender os próprios ideais – e como ajudei a transformar uma cidade, partindo de cada indivíduo para chegar ao todo.

Você vai ver que o alicerce de toda grande liderança está em servir, como bem está escrito em Marcos 10:43-45:

> Quem quiser tornar-se importante entre vocês deverá ser servo, e quem quiser ser o primeiro deverá ser servo de todos. Pois nem mesmo o Filho do Homem veio para ser servido, mas para servir e dar a sua vida em resgate por muitos. (BÍBLIA NVI, Mateus 10:43-45)

Mudanças reais começam com ações concretas – e não apenas com discursos –, e este livro é seu próximo passo. Vire a página e descubra como transformar sua realidade e ser parte dessa corrente de transformação!

CAPÍTULO 1

A DESORDEM E O PROPÓSITO

Naquela manhã, em 2018, o sol brilhava e a brisa litorânea era um refresco suave, mas eu vivia meu pior deserto interior. Para mim, a umidade do mar carregava um peso que não era apenas do clima. Minha cabeça estava quase explodindo, os pensamentos se atropelavam. Então, o telefone tocou.

A voz do outro lado estava tensa, quase desesperada. A secretária de Inclusão Social, Cristina Barrichello, que ao meu lado implementou o programa Abraço à Vida – que havia sido recém-criado para, entre outras coisas, amparar pessoas à beira do suicídio – me disse: "Fabricio, tem uma mulher prestes a se jogar da sacada do apartamento dela. O vizinho nos ligou avisando que ela tem histórico de crises emocionais e já tentou isso outras vezes. Ela não quer abrir a porta, mas ainda atende ao telefone. Temos receio de invadir o apartamento e ela se jogar mesmo. Penso que, se você ligar, ela pode se sentir valorizada e importante, e talvez você consiga demovê-la da decisão. Pode tentar falar com ela?".

Por alguns segundos, hesitei. Pensei em tudo o que estava vivendo. Naquela semana, eu tinha perdido meu irmão, que era três anos mais velho do eu. Ele teve uma morte súbita, o que deixou minha família em pedaços e meus pais inconsoláveis. Também naqueles dias, precisei cumprir uma decisão judicial oriunda do governo anterior, que criou uma grande instabilidade no quadro de funcionários da prefeitura. Eu estava vivendo o pior momento de minha existência, mas atendi ao pedido.

"Sim, vou ligar para ela!"

Desliguei o telefone e pensei: *O que vou dizer para essa mulher?* Estava sozinho, tentando cuidar de minhas emoções, lidando com a perda de meu melhor amigo, com a desolação de meus pais e de meu sobrinho, questionando se realmente deveria estar ocupando o cargo de prefeito. Como poderia ajudar aquela pessoa se eu mesmo precisava de ajuda?

Eu mal conseguia respirar entre o luto e a pressão de liderar uma cidade em meio a uma crise administrativa. Havia acabado de tomar decisões dolorosas e difíceis, meu governo estava sendo questionado. Meu coração, minha fé e meu próprio senso de propósito estavam despedaçados. Mas como dizer não?

Liguei. O telefone chamou algumas vezes, e, por um instante, temi que ela não fosse atender. Mas, finalmente, uma voz fraca e trêmula surgiu do outro lado da linha. Quando disse que era o Fabricio, o prefeito, ela desligou, talvez achando que era trote. Insisti e ela atendeu novamente, reconheceu minha voz. Respirei fundo e fui honesto.

"Olha, não sei bem o que dizer. Na verdade, estou precisando de ajuda. Acabei de perder meu irmão, estou tendo que cuidar de meu pai e de minha mãe, cuidar de minha família e de mim mesmo. Estou questionando minhas escolhas, minha identidade, meu propósito. Estou ligando para você porque penso que, se eu conseguir mudar sua decisão pelo suicídio, talvez possa me sentir mais útil. Por favor, me ajude!"

Houve um longo silêncio. Então, com a voz embargada, ela respondeu: "Então venha aqui, vou te esperar".

Fui. Cheguei àquele apartamento com a equipe do programa. Entrei como um homem quebrado e saí com a certeza de que, mesmo despedaçado, ainda podia ser útil de alguma forma. Aquele momento foi um divisor de águas. Não apenas para ela, que foi ouvida, acolhida, entrou para o programa Abraço, passou por tratamento e depois se tornou voluntária do projeto para ajudar outras pessoas a darem a volta por cima do pensamento de suicídio, mas também para mim e para nossa cidade.

Naquele dia, eu e ela reencontramos nosso propósito. E percebi que Balneário Camboriú também precisava de muito mais do que ser uma cidade turística; precisava incorporar, na identidade como cidade, o propósito de cuidar das pessoas.

O VALOR DO PROPÓSITO

Pessoas sem propósito estagnam, estacionam na vida. Cidades sem propósito se tornam meros conjuntos de ruas e prédios sem alma. Organizações e empresas sem propósito são apenas engrenagens que giram sem direção e sem destino.

O conceito de propósito é muito discutido por diversos pensadores e estudiosos ao longo da história. A vida e a obra de Viktor Frankl, psiquiatra judeu nascido na Áustria e sobrevivente do Holocausto, são provas de que a busca por um sentido na própria existência é a maior força motivacional de um ser humano.[2]

Frankl já era um neuropsiquiatra reconhecido, especialista em casos de depressão e tentativa de suicídio, quando foi preso e levado a diferentes campos de concentração nazistas entre 1942 e 1945. A esposa grávida, a mãe e outros familiares dele também foram detidos e levados a outras prisões.

O médico viveu os horrores da guerra e enfrentou obstáculos inimagináveis nos campos de concentração. Porém, enquanto passava por tudo aquilo, mesmo desnutrido e submetido a trabalhos forçados, passou a desenvolver dentro de si – e ajudou outras pessoas a fazerem o mesmo – um senso de propósito da vida: fosse a esperança de reencontrar a família, uma ideia, uma perspectiva de trabalho, enfim, qualquer coisa que trouxesse sentido à existência.

Ele aprendeu a criar dentro de si um senso de liberdade, mesmo quando tudo em volta era crueldade e caos. Ao sair da prisão, descobriu que tanto a esposa quanto os pais haviam sido assassinados.

Tempos depois, publicou seu mundialmente conhecido livro *Em busca de sentido*,[3] em que relata a experiência na prisão, as perdas e as bases da teoria filosófica dele, a Logoterapia. O autor destaca que aqueles que têm "vontade de sentido" são capazes de suportar até mesmo as circunstâncias mais adversas e, nessa busca, encontram a felicidade.

2 PEREIRA, I. S. A vontade de sentido na obra de Viktor Frankl. **Psicol. USP**, v. 18, n. 1, mar. 2007. Disponível em: https://doi.org/10.1590/S0103-65642007000100007. Acesso em: 25 ago. 2025.

3 FRANKL, V. E. **Em busca de sentido:** um psicólogo no campo de concentração. São Paulo: Vozes, 1991.

Outro autor, desta vez no campo dos estudos da liderança e do empreendedorismo, Simon Sinek, argumenta na obra *Comece pelo porquê*, que as pessoas e organizações bem-sucedidas são aquelas guiadas por um propósito claro, um "porquê" que dá significado às suas ações.

> Os grandes líderes [...] têm a capacidade de inspirar as pessoas a agir. Eles oferecem um sentimento de propósito e de pertencimento que tem pouco a ver com qualquer incentivo externo ou benefício que se possa obter. Quem lidera de verdade consegue criar uma legião de seguidores que não agem porque foram levados a isso, mas porque foram inspirados. Para aqueles que estão inspirados, a motivação para agir é profundamente pessoal. Eles são menos propensos a ser atraídos por incentivos. Os que estão inspirados estão dispostos a pagar o preço ou suportar inconveniências e até sofrimento pessoal. Os que são capazes de inspirar vão criar um grupo de seguidores – apoiadores, eleitores, clientes, funcionários – que agem pelo bem do todo não porque são obrigados, mas porque assim o desejam.[4]

A Palavra de Deus diz, em Jeremias 29:11: "Porque sou eu que conheço os planos que tenho para vocês, [...] planos de fazê-los prosperar, não de causar dano, planos de dar a vocês esperança e um futuro". Este versículo nos lembra de que cada pessoa, cada nação e cada cidade têm um desígnio, um propósito maior que deve ser cumprido. Sem essa bússola interna, perde-se a direção.

Naquele dia em que ajudei uma pessoa a desistir de tirar a própria vida e que ela me ajudou a me reencontrar, compreendi que o verdadeiro problema de Balneário Camboriú não era a crise econômica, não eram os desafios da gestão pública, nem mesmo a pressão política. Era algo mais profundo: *a cidade precisava resgatar sua identidade*. Assim como aquela mulher no alto do prédio, Balneário Camboriú estava prestes a despencar porque se via

4 SINEK, S. **Comece pelo porquê**: como grandes líderes inspiram pessoas e equipes a agir. Rio de Janeiro: Sextante, 2018. Edição do Kindle.

ESSE É O VERDADEIRO SENTIDO DE ATRAVESSAR UMA CRISE: NÃO APENAS SOBREVIVER A ELA, MAS TRANSFORMAR O CAOS EM OPORTUNIDADE, A ESCASSEZ EM CONSTRUÇÃO E A INCERTEZA EM RENOVAÇÃO.

Planeje o excelente, governe o possível e entregue o inimaginável

@FABRICIOOLIVEIRABC

apartada da própria identidade. E quando uma cidade perde a identidade, perde também a força.

Balneário é uma cidade turística, um lugar que sempre acolheu as pessoas. Ao longo dos anos, cresceu exponencialmente e muito rápido, tanto em estrutura urbana, com arranha-céus que rasgam o horizonte, quanto em número de habitantes e visitantes. Os rótulos de "Dubai brasileira" ou "Mônaco do Brasil", embora possam ser lisonjeiros, não definem de fato a essência dela. Esses títulos são reflexo do crescimento, mas não da verdadeira identidade da cidade.

Depois daquele dia, que poderia ter sido trágico, mas que se tornou mágico, todos retomamos nossa essência, e eu pude ser agente dessa transformação a partir do cargo que ocupava. O reflexo disso ficou evidente na pandemia de covid-19, quando o município, mesmo enfrentando as próprias dificuldades, conseguiu proteger os cidadãos e estender a mão a outras cidades que precisavam de ajuda. Foi nesse momento que o verdadeiro propósito ficou ainda mais claro: Balneário é uma cidade de gente feliz, uma cidade que pulsa vida e que abraça a todos no entorno.

Uma cidade não pode ser reduzida a construções ou estatísticas econômicas. O que define Balneário Camboriú não é a *skyline* imponente, mas a essência vibrante. O propósito dessa cidade não está apenas no crescimento físico, mas na capacidade de gerar bem-estar, de fazer cada passante na rua se sentir parte de algo maior.

Uma cidade com forte senso de identidade precisa gerar alguns elementos básicos para que a população tenha saúde emocional: pertencimento, importância, crescimento, amor, conexão e limites. Assim como cada indivíduo precisa encontrar o próprio propósito para não sucumbir ao vazio, uma cidade só prospera de verdade quando se alinha àquilo que nasceu para ser.

E não é raro que esse entendimento aconteça depois de uma crise

CRISES SÃO PONTOS DE VIRADA

A história da humanidade prova que as grandes transformações surgem de grandes crises. O passado nos ensina que momentos de colapso são, na verdade, pontos de inflexão que levam a um novo ciclo de crescimento e inovação.

Se observarmos bem, podemos enxergar um padrão histórico: fica claro que a cada grande crise se segue uma espécie de roteiro. Primeiro, há a antecipação de uma nova agenda de prioridades, pois a necessidade obriga sociedades e líderes a repensarem suas ações. Depois, vem um período de inovação, em que soluções criativas e tecnológicas emergem para resolver os desafios impostos pela crise. E, por fim, ocorrem mudanças culturais significativas, que reformulam como as pessoas vivem, trabalham e se relacionam.

Não precisamos voltar muito no tempo para comprovar isso – a pandemia de covid-19, a partir de 2020, é uma demonstração de adaptabilidade e evolução após um período de crise extrema. No começo, o mundo paralisou. Algumas medidas emergenciais foram adotadas para salvar vidas, enquanto governos e empresas tiveram que reinventar as maneiras de operar. Mas a humanidade rapidamente se ajustou ao novo cenário. A digitalização se acelerou, avançando em meses o que talvez não aconteceria em anos, e isso possibilitou que negócios migrassem para o ambiente virtual e novas formas de trabalho remoto surgissem. Ou seja, houve uma mudança irreversível na estrutura do mercado de trabalho.

Foi nesse mesmo período, quando o medo paralisava o mundo, que tomei uma decisão ousada: realizar o maior alargamento de praia da América Latina. A obra da Praia Central, concluída em 2021, ampliou a faixa de areia e posicionou Balneário Camboriú no cenário nacional. O impacto foi imediato: o metro quadrado da cidade se tornou o mais valorizado do Brasil, atraindo olhares de investidores e prefeitos de várias partes do país que vieram conhecer de perto como transformar um desafio em oportunidade. Esse projeto foi um divisor de águas e simboliza exatamente o que significa ser imparável: ampliar horizontes mesmo em tempos de escassez e incerteza.

A ciência, por outro lado, avançou a passos bem largos, desenvolvendo formas de tratamento e prevenção em tempo recorde e aprimorando o compartilhamento de dados médicos entre países.

No aspecto social, a pandemia trouxe uma nova consciência sobre saúde mental e bem-estar, temas que passaram a ser debatidos em diferentes esferas, e hoje esse debate é algo naturalizado. As cidades também se adaptaram, investiram em mobilidade urbana, infraestrutura digital e novos modelos de atendimento à população. Balneário Camboriú se destacou internacionalmente ao transformar crise em oportunidade, mostrando que até mesmo no "deserto particular" – na escassez e na dificuldade – é possível criar algo grandioso.

Vamos voltar um pouco mais no tempo e revisitar outros momentos de grandes crises da humanidade para perceber esse padrão.

AS GRANDES CRISES MUNDIAIS E O ROTEIRO DO DESENVOLVIMENTO

Peste Negra[5]

No século XIV, a Europa enfrentou um dos períodos mais sombrios com a Peste Negra, doença que dizimou quase um terço da população do continente. Além da tragédia humana, a doença desestruturou a economia feudal, pois, por causa da drástica redução populacional, os antigos senhores feudais perderam a principal força de trabalho.

Quem sobreviveu passou a ter maior poder de negociação, exigindo melhores condições e salários, o que enfraqueceu a estrutura hierárquica tradicional e pavimentou o caminho para uma economia mais dinâmica e urbana.

Queda de Constantinopla[6]

A Queda de Constantinopla ocorreu em 1453 e marcou o fim da Idade Média e o início da Idade Moderna. A capital do Império Bizantino, que por séculos foi um dos centros comerciais mais importantes do mundo, foi tomada

5 SOUSA, R. Crise do Feudalismo. **Mundo Educação**. Disponível em: mundoeducacao.uol.com.br/historiageral/crise-feudalismo.htm. Acesso em: 26 jun. 2025.

6 ALTMAN, M. Hoje na História: 1453 - tomada de Constantinopla marca fim da Idade Média. **Opera Mundi**, 29 maio 2022. Disponível em: https://operamundi.uol.com.br/hoje-na-historia/podcast-hoje-na-historia-1453-tomada-de-constantinopla-marca-fim-da-idade-media. Acesso em: 26 jun. 2025.

pelo Império Otomano, interrompendo as rotas comerciais entre Europa e Oriente. As nações europeias buscaram, então, novas formas de alcançar as riquezas do Oriente, dando início às grandes navegações. Portugal e Espanha, como sabemos, lançaram-se ao desconhecido, alcançando novos territórios – incluindo o país onde vivemos – e expandindo o comércio global. Assim, de um cenário de morte e destruição, emergiu uma era de descobertas, expansão econômica e formação dos impérios coloniais que marcou os séculos seguintes.

Revolução Francesa[7]

A Revolução Francesa derrubou a monarquia absolutista e instaurou ideias de liberdade, igualdade e fraternidade. Mas a Revolução não apenas transformou a política, ela gerou um impacto estrutural que passou a ressoar por toda a sociedade. A instabilidade e as novas formas de organização social impulsionaram a Revolução Industrial já no fim do século XVIII, na Inglaterra. Com a mecanização da produção, a manufatura artesanal foi sendo substituída pelas fábricas, criando novas relações de trabalho, acelerando o crescimento urbano e inaugurando um período de avanço tecnológico sem precedentes.

Primeira Guerra Mundial

A Primeira Guerra Mundial, entre 1914 e 1918, devastou a Europa, resultando em milhões de mortes e destruição econômica sem precedentes. Desse cenário caótico, entretanto, emergiram diversas transformações econômicas e sociais.

Houve a ascensão dos Estados Unidos como potência econômica global. A Europa, antes centro financeiro do mundo, viu a própria economia fragilizada, e os EUA assumiram a posição de principal credor internacional. Além

7 BIGELI, A. Revolução Francesa - A queda da Bastilha e o fim do regime absolutista. **Educação UOL**, 13 jul. 2015. Disponível em: https://educacao.uol.com.br/disciplinas/historia/revolucao-francesa-a-queda-da-bastilha-e-o-fim-do-regime-absolutista.htm. Acesso em: 26 jun. 2025.

disso, a guerra impulsionou inovações industriais e tecnológicas, incluindo avanços na produção em massa e no setor automotivo.

A guerra abriu espaço para mudanças sociais significativas. O papel das mulheres na sociedade se ampliou, pois muitas passaram a ocupar postos de trabalho antes reservados aos homens. Isso impulsionou os movimentos sufragistas e contribuiu para a conquista do direito ao voto feminino em vários países.

Depressão de 1929

Em 1929, a quebra da Bolsa de Valores de Nova York provocou um colapso econômico global, levando ao desemprego em massa, falências bancárias e uma crise social inimaginável. Como resposta, os governos começaram a adotar políticas intervencionistas. O *New Deal*, nos Estados Unidos, foi um conjunto de reformas econômicas que introduziu investimentos em infraestrutura, assistência social e regulação do mercado financeiro. A crise também levou a um maior controle sobre o sistema bancário e à criação de políticas de bem-estar social.

Segunda Guerra Mundial[8]

A Segunda Guerra Mundial e a pandemia da gripe espanhola causaram destruição em massa e desespero global. Porém, desse cenário caótico emergiram algumas das maiores transformações do mundo contemporâneo. A guerra impulsionou avanços tecnológicos, como a computação, a aviação moderna, a medicina de guerra e até o chocolate! Também fortaleceu instituições internacionais, como a ONU e o Fundo Monetário Internacional (FMI), que ajudaram a reconstruir nações devastadas.

8 SCHENFELD, M. H. Impacto tecnológico pós-guerra: como os avanços tecnológicos da Segunda Guerra Mundial influenciaram a ciência, a indústria e a sociedade no pós-guerra. **Zheit**, 2 out. 2023. Disponível em: https://zheit.com.br/post/impacto-tecnologico-posguerra-como-os-avancos-tecnologicos-da-segunda-guerra-mundial-influenciaram-a-ciencia-a-industria-e-a-sociedade-no-posguerra. Acesso em: 26 jun. 2025.

O Japão, que estava arrasado, renasceu como uma potência industrial por meio de uma reestruturação econômica focada na inovação e na disciplina produtiva. Nos Estados Unidos, a reconstrução pós-guerra levou a um boom econômico e ao surgimento de uma sociedade de consumo. Paralelamente, os anos 1960 testemunharam uma revolução cultural e social, impulsionada pelo questionamento de valores tradicionais e pela busca por liberdade de expressão, que moldou a cultura global até hoje.

Crise do petróleo

A crise do petróleo foi desencadeada pelo embargo imposto pelos países árabes da Organização dos Países Exportadores de Petróleo (OPEP) em 1973, como resposta ao apoio dos EUA e Europa a Israel na Guerra do Yom Kippur. O resultado foi um aumento vertiginoso nos preços do petróleo e um choque global.

A partir dessa crise, muitos países buscaram reduzir sua dependência do petróleo do Oriente Médio, investindo em novas fontes de energia e diversificação da matriz energética. Também houve maior incentivo à eficiência energética, impactando o setor automotivo e impulsionando a pesquisa em energias alternativas. Além da abertura de espaço para o crescimento de novas economias, especialmente os chamados Tigres Asiáticos (Coreia do Sul, Taiwan, Cingapura e Hong Kong), que começaram a se industrializar rapidamente, tornando-se grandes polos manufatureiros e tecnológicos.

O PROPÓSITO É A CHAVE DA MUDANÇA

Crise não é tempo de morte. Assim como o deserto não é lugar desprovido de vida.

Eu sempre fico maravilhado quando vou a Dubai e Abu Dhabi, nos Emirados Árabes. A cada vez, fica mais claro para mim que o deserto não significa necessariamente escassez, mas oportunidades. Enquanto para muitos ele é aridez, limitação e falta de recursos, para outros é uma abertura à construção, à inovação e à superação dos próprios limites.

Dubai é um exemplo vivo disso. Ali, onde antes havia apenas areia e calor intenso, ergueram-se algumas das maiores obras arquitetônicas do mundo. O emir (governante) de Dubai, Mohammed bin Rashid Al Maktoum, e a família dele não olharam para aquele território árido com resignação, mas com visão. Hoje, a cidade abriga a maior roda-gigante do mundo, o shopping center mais grandioso já construído e o edifício mais alto do planeta. O que poderia ser um cenário de privação, transformou-se em um dos lugares mais prósperos e futuristas que existem.

CRISE NÃO É TEMPO DE MORTE. ASSIM COMO O DESERTO NÃO É LUGAR DESPROVIDO DE VIDA.

Quando a pandemia de covid-19 chegou, percebi que aquela crise era muito semelhante a um deserto. De repente, tudo parecia ter sido tomado pela escassez: escassez de respostas, de estrutura, de esperança. Mas o nosso olhar para a história nos faz ver que é exatamente nesses momentos que surgem as grandes evoluções. Trago aqui mais uma analogia com a Bíblia, que nos compara a uma árvore medida por seus frutos (Mateus 7:16-20 e Lucas 6:43-45). Em tempos difíceis, esses frutos desaparecem, como se estivéssemos vivendo um período de completa esterilidade. No entanto, mesmo sem frutos visíveis, uma boa árvore ainda pode oferecer sombra e abrigo. E quando isso acontece, seus frutos voltam a surgir.

Foi essa reflexão que me guiou na crise mais difícil que Balneário já enfrentou. No auge da pandemia, com hospitais sobrecarregados e um cenário de incerteza, tomamos uma decisão ousada: transformar uma Unidade de Pronto Atendimento (UPA) que estava prestes a ser inaugurada em um hospital especializado no combate à covid-19. Em apenas 45 dias, equipamos a unidade com tudo o que era necessário: leitos de UTI, equipe de testagem, fisioterapeutas, farmácia. Mas não paramos por aí. Abrimos as portas para toda a região, garantindo que ninguém ficasse sem atendimento.

O SENTIDO DA VIDA NÃO ESTÁ APENAS NO QUE CONQUISTAMOS, MAS NO QUE ENTREGAMOS AO MUNDO.

Planeje o excelente, governe o possível e entregue o inimaginável

@FABRICIOOLIVEIRABC

Além do suporte médico, entendemos que a pandemia não era apenas uma crise sanitária, mas também uma crise emocional. O isolamento social trouxe angústia, depressão e desespero para muita gente. Por isso, lançamos programas de apoio psicológico e fisioterapêutico domiciliar. Se alguém não podia sair de casa, íamos até essa pessoa. Levávamos testagem, atendimento psicológico e reabilitação até onde fosse necessário.

Foi assim que Balneário Camboriú se tornou uma árvore que fornecia sombra para os outros. No meio do deserto, quando parecia que não havia saída, nos tornamos refúgio para aqueles que mais precisavam.

Este é o verdadeiro sentido de atravessar uma crise: não apenas sobreviver a ela, mas transformar o caos em oportunidade, a escassez em construção e a incerteza em renovação. Assim como Dubai e Abu Dhabi enxergaram potencial onde muitos viam limitações, também nós, como indivíduos e como cidade, podemos aprender a ver as crises não como o fim, mas como o começo de algo grandioso. E isso só se consegue quando há um propósito firme.

Porque, como já foi dito, a falta de propósito paralisa. O que nos move é compreender que fazemos parte de algo muito maior. Quando aquela mulher hesitou entre a vida e a morte, estava em um vazio existencial. Eu também. Minha cidade também.

> O QUE NOS MOVE É COMPREENDER QUE FAZEMOS PARTE DE ALGO MUITO MAIOR.

No Livro de Provérbios 29:18 está escrito: “Onde não há revelação divina, o povo se desvia”. Sem um desígnio claro, tanto indivíduos quanto cidades se perdem. O sentido da vida não está apenas no que conquistamos, mas no que entregamos ao mundo.

Se pessoas, cidades, organizações e nações paralisam pela falta de um propósito e uma identidade claras, então a solução é evidente: é preciso encontrá-los. Estejam onde estiverem. Para isso, o primeiro passo é compreender os motivos pelos quais eles ainda são desconhecidos ou permanecem encobertos. É sobre isso que falaremos no próximo capítulo.

CAPÍTULO 2

O PODER DAS PALAVRAS NA CONSTRUÇÃO DA IDENTIDADE

A **mãe do pequeno Thomas segurava uma carta. Seus olhos** percorreram rapidamente aquelas palavras, escritas pelo diretor da escola do filho, quando ele lhe perguntou: "O que está escrito, mamãe?".

Sem titubear, ela respondeu: "Filho, aqui está escrito que você é um gênio! E que, por você estar tão avançado para sua idade, a escola não tem professores capacitados para ensinar alguém tão especial quanto você. Por isso, eu mesma vou assumir sua educação em casa". O menino sorriu, mostrando a alegria de uma criança inocente aos 8 anos de vida, e ficou extasiado com aquela decisão.

Muitos anos se passaram. Thomas Edison – já então consagrado como o inventor da lâmpada elétrica incandescente e detentor de mais de mil patentes registradas – encontrou a carta da escola guardada entre os pertences da mãe, já falecida. Com os dedos trêmulos, ele abriu o papel envelhecido pelo tempo e leu o conteúdo verdadeiro, desta vez com os próprios olhos: "Seu filho tem dificuldades de aprendizado e não podemos mais mantê-lo nesta escola. Ele está expulso".

Não se sabe quem contou essa história pela primeira vez. Graças à força da internet, ela vem sendo espalhada sem moderação há muitos anos, e é difícil comprovar se as coisas aconteceram exatamente assim. Mas é bem provável que seja verdadeira, pois sabe-se que Thomas Edison, de fato, teve dificuldades na escola, onde permaneceu por apenas três meses, e foi expulso por ter sido considerado um aluno problemático devido as distrações e questionamentos constantes. A mãe, Nancy Edison, realmente o tirou da instituição para ensiná-lo a ler e escrever em casa. E fez mais que isso: incentivou a curiosidade inata e o gosto pela ciência.[9]

AS PALAVRAS PODEM MOLDAR IDENTIDADES.

Ainda que seja uma história romantizada baseada em fatos reais, ela ilustra o que importa aqui: as palavras podem moldar identidades.

Em vez de carregar o peso da rejeição, caso tivesse sido informado com tão pouca idade que "não servia" para estudar naquela escola, Thomas Edison ganhou a força da resiliência e da persistência. E seguiu assim por toda a vida, tentando, testando e não se conformando com os primeiros resultados, mesmo quando eram desanimadores.

Quando foi questionado sobre a série de fracassos antes de, finalmente, conseguir uma lâmpada elétrica viável comercialmente, ele respondeu: "Eu não falhei. Apenas encontrei 10 mil maneiras que não funcionam".

O IMPACTO DAS PALAVRAS NA IDENTIDADE HUMANA

Gosto de lembrar do que diz Provérbios 18:21: "A morte e a vida estão no poder da língua; aqueles que a amam comerão dos seus frutos". Esse versículo nos ensina que as palavras têm capacidade de trazer vida ou morte, encorajamento ou destruição

Edison não foi o único a ser moldado logo na infância pelo que ouviu ou sentiu. Quantas crianças não tiveram o destino traçado por palavras ditas

9 THOMAS Edison. **eBiografia**, [s.d.]. Disponível em: www.ebiografia.com/thomas_edison. Acesso em: 26 jun. 2025.

em momentos cruciais? Desde cedo, somos como um pen drive vazio, como gosto de dizer, e o que nos dizem – nossos pais, professores e até amigos – tornam-se marcas permanentes que podem forjar nossa identidade.

Um estudo clássico de Carol Dweck, psicóloga da Universidade de Stanford e autora do livro *Mindset: a nova psicologia do sucesso*,[10] mostrou que crianças que recebem elogios voltados para a capacidade inata (do tipo "Você é muito inteligente!") desenvolvem mais medo do fracasso do que as elogiadas pelo próprio esforço ("Você trabalhou duro e fez um ótimo trabalho!"). Isso acontece porque a primeira forma de elogio cria uma identidade fixa, em que a inteligência parece ser um dom imutável. Já a segunda reforça um senso de crescimento e aprendizado contínuo.

As palavras moldam a percepção do indivíduo sobre si mesmo e, consequentemente, o comportamento. Crianças que crescem ouvindo que são "lentas", "teimosas" ou "desajeitadas" muitas vezes incorporam esses rótulos como verdades absolutas. E levam isso para a vida toda! Por outro lado, aquelas que são incentivadas a acreditar na própria capacidade de adaptação e superação tendem a se tornar adultos mais resilientes e confiantes.

Além disso, o que mais nos leva a ter uma noção errada sobre o sentido de estarmos neste mundo? Muitas vezes, são as desilusões, perdas, traições e traumas ao longo da vida. No Método Cis®, Paulo Vieira explica que esses eventos marcam a memória inconsciente e moldam nossa identidade em três dimensões fundamentais:

- quem eu sou;
- o que sou capaz de fazer;
- o que acredito merecer.

Muitas pessoas têm uma boa definição de quem são, mas carregam inseguranças quanto à própria capacidade. Por exemplo, alguém pode pensar: *Eu sei que sou inteligente, sei que entendo deste assunto, mas não sei se sou capaz de executar e resolver esse problema.*

10 DWECK, C. **Mindset**: a nova psicologia do sucesso. Rio de Janeiro: Objetiva, 2017. p. 187-188.

Outras reconhecem a própria capacidade, mas têm crenças limitantes quanto ao merecimento. Elas acreditam que, mesmo sendo capazes, não são dignas de conquistar determinadas coisas. Isso leva à autossabotagem. A pessoa bloqueia inconscientemente as próprias oportunidades por não se sentir merecedora do sucesso, do amor ou da felicidade.

O escritor, conferencista e *mastercoach* Paulo Vieira explica que muitas pessoas extremamente capacitadas não avançam em certas áreas da vida porque carregam crenças negativas sobre merecimento. E essa mentalidade, muitas vezes, nasce da repetição de padrões familiares e sociais.

No livro *O poder da ação*,[11] Paulo destaca que nossas crenças moldam comportamentos, atitudes e, consequentemente, os resultados que obtemos, e enfatiza que, para alcançar uma vida plena, é fundamental reprogramar as crenças que nos limitam.

O próprio autor compartilha uma experiência pessoal que ilustra como uma crença limitante pode afetar profundamente a vida de alguém. Aos 30 anos, depois de conviver com crenças que limitaram o potencial dele desde a infância, começou a aprender a reprogramar as próprias convicções. Ao fazer isso, desbloqueou o potencial de comunicação, tornando-se professor e palestrante, rompendo com bloqueios que o impediam de realizar o que desejava.

A REPETIÇÃO DE PADRÕES

Imagine, por exemplo, uma criança que cresce em uma favela e convive diariamente com o tráfico de drogas, a violência e a escassez. O padrão que ela vê todos os dias se torna a realidade. Durante a infância, esses elementos vão sendo gravados no subconsciente, formando uma identidade que perpetua o ciclo de pobreza e da falta de oportunidades. Ela vai levar isso pela vida toda, e provavelmente repetir o ciclo com os descendentes.

E isso acontece também em outros contextos. Vou descrever um caso real, de uma mulher que foi atendida pelo programa Abraço. Não vou revelar a identidade dela para preservá-la.

11 VIEIRA, P. **O poder da ação**: faça sua vida ideal sair do papel. São Paulo: Gente, 2015.

Ela se queixava de que todos os relacionamentos acabavam da mesma forma: traição e briga. Era um ciclo repetitivo e doloroso. Ela era uma mulher inteligente, bonita e muito bem-intencionada, mas, por algum motivo, não conseguia encontrar um parceiro à altura do que desejava.

Durante uma conversa, perguntei sobre a história dos pais dela. E ali encontramos a resposta para o ciclo de relacionamentos ruins: o pai traiu a mãe a vida toda. Ela vivia em tristeza profunda e amargurada, mas resignou-se e continuou casada. A filha, sem perceber, buscava parceiros que replicavam o padrão do pai. Embora em sã consciência afirmasse que queria um relacionamento saudável, o subconsciente a levava a escolher homens que reproduziam o mesmo ciclo de traição e sofrimento que ela havia testemunhado desde a infância.

Outro caso real e impressionante: uma mulher, quando criança, vivia insistindo para que o irmão a levasse para andar a cavalo. Os pais acabaram permitindo, desde que fosse acompanhada do irmão. No passeio, ao tentar manobrar o cavalo, o irmão caiu, bateu a cabeça em uma pedra e morreu.

Ela cresceu sob o peso dessa tragédia. Já adulta, casou-se e teve um filho. Mas algo perturbador começou a acontecer: embora nunca tivesse a intenção de machucar o filho, ela sentia um impulso interno estranho, como se algo a empurrasse a levá-lo até a janela e jogá-lo de lá. E ela precisava lutar internamente com esses pensamentos obscuros, o que lhe causava muita dor e sofrimento.

O que estava acontecendo ali? No fundo, inconscientemente, essa mulher carregava uma crença profunda de culpa. A memória que ela criou foi: "Eu destruí minha família". E essa crença a fazia se sentir indigna de ter a própria família. Como resultado, ela se autossabotava, mesmo sem perceber.

MEMÓRIA INCONSCIENTE E AUTOSSABOTAGEM

Muitas pessoas vivem editando ou reeditando memórias inconscientes, sem nem perceber. A identidade de alguém – quem é, do que é capaz e o que merece – pode ser fortemente influenciada por experiências passadas e pela forma como essas experiências são registradas no subconsciente.

É por isso que tantas pessoas procrastinam, travam diante de oportunidades ou permanecem presas em ciclos destrutivos. Elas não percebem que a raiz desses comportamentos pode estar em uma crise de identidade, capacidade ou de merecimento.

Mudar esse padrão exige, primeiro, consciência. Exige identificar as crenças inconscientes que nos limitam para reescrevermos nossa história de modo intencional, assim como a mãe de Thomas Edison fez com ele.

E se as palavras, como dissemos, podem construir ou destruir nossa identidade individual, o que dizer da identidade de uma cidade inteira?

A IDENTIDADE DAS CIDADES

As cidades são mais do que ruas, prédios e praças: são egrégoras que carregam narrativas, heranças emocionais e culturais que se perpetuam através das gerações. Assim como uma criança pode crescer ouvindo que não é capaz de fazer determinada coisa e se tornar um adulto inseguro, uma cidade pode crescer com pessoas acreditando em uma narrativa de escassez, caos e falta de direção.

Balneário Camboriú, por exemplo, já foi apenas uma cidade litorânea sem uma forte identidade definida. Cresceu rápido, virou referência no turismo e no mercado imobiliário. Mas, ainda assim, o propósito como cidade não estava muito claro. Em determinado momento, passou a ser comparada com as cidades mais ricas do Oriente Médio, como se a identidade dela estivesse atrelada à de uma cidade do outro lado do mundo. Mas será que a verdadeira vocação era apenas ser uma versão tropical de Dubai?

O que torna uma cidade verdadeiramente próspera não é apenas o PIB, as construções imponentes ou o número de turistas que a visitam. É a identidade. A essência. A vocação.

As cidades mais conhecidas ao redor do mundo carregam narrativas poderosas que moldam não apenas a economia, mas também a autoestima dos habitantes. Nova York não é apenas uma cidade, é "a cidade que nunca dorme", o berço do sonho americano, o palco das infinitas possibilidades. Paris não é apenas mais uma antiga capital europeia, é "a cidade luz", sinônimo de cultura, romance e arte. Ouro Preto, em Minas Gerais, não é apenas uma cidade histórica, é a "joia colonial do Brasil"; São Paulo é a "cidade que nunca para"; Salvador é a "terra da alegria"; Manaus é o "coração da Amazônia"; e por aí vai.

Cidades que perdem a identidade (ou não a encontram) perdem a força. Assim como um indivíduo pode se perder sem um propósito, uma cidade sem uma narrativa clara se torna um amontoado de ruas que levam a lugar nenhum.

A MEMÓRIA INCONSCIENTE DAS CIDADES E O IMPACTO DA COLONIZAÇÃO

Assim como os indivíduos carregam uma memória inconsciente que molda a própria identidade, as cidades também têm uma memória coletiva que define a cultura, os hábitos e a forma de se desenvolver ao longo do tempo. Essa memória está profundamente enraizada na colonização e na formação histórica de cada região.

Assim, não é difícil entender por que o Sul do Brasil é tão diferente do Nordeste. As bases da colonização foram distintas. Enquanto no Nordeste a colonização foi extrativista, focada na exploração de recursos naturais e mão de obra escravizada, o Sul recebeu imigrantes que vieram para produzir e estabelecer raízes. A colonização alemã, italiana e suíça trouxe uma mentalidade voltada ao trabalho estruturado, à comunidade e à construção de cidades organizadas.

Além do fator econômico e social, há também um aspecto muitas vezes ignorado: a colonização religiosa. O Brasil foi colonizado por padres jesuítas, que trouxeram um ensinamento muito difundido na época: a ideia de que enriquecer e prosperar era pecado. A mentalidade jesuítica enfatizava a aceitação das condições de vida como um destino imutável. Isso acabou incentivando, em algumas camadas da sociedade, um certo vitimismo, uma crença de que era necessário se conformar com as dificuldades.

Por outro lado, em países colonizados pela religião protestante, como os Estados Unidos e a Suíça, o pensamento era diferente. E o exemplo da Suíça é bastante interessante.

Na Idade Média, Genebra – cidade suíça considerada um dos centros financeiros mais importantes do mundo – era extremamente decadente. Os índices de saúde, saneamento e educação estavam entre os piores da Europa. Mas um acontecimento histórico mudou essa realidade.

Quando ocorreu a reforma protestante, um novo pensamento, impulsionado por João Calvino, emergiu.[12] Diferentemente de Martinho Lutero, que focava reformas dentro da igreja, Calvino trouxe a visão protestante para o cotidiano, enfatizando que o verdadeiro louvor a Deus estava na excelência do trabalho e na dignidade de cada indivíduo.

Esse simples pensamento revolucionou a forma como se vivia em Genebra. A cidade passou a investir muito na educação da primeira infância, já entendendo que a identidade do ser humano se forma nos primeiros anos de vida e que esse investimento seria determinante para o futuro promissor da cidade. E, de fato, isso explica por que Genebra se tornou referência mundial em educação infantil.

Com a nova mentalidade, a Suíça passou de um país pobre e desorganizado a um dos centros econômicos mais importantes do mundo.

A CULTURA COMO ESTRUTURA DE PENSAMENTO

Assim como Genebra transformou a própria identidade a partir de uma reestruturação cultural, todas as cidades precisam estabelecer uma linha de pensamento coletiva, uma identidade clara que guie o desenvolvimento.

Quando falamos de cultura, não estamos nos referindo apenas às artes ou ao folclore local, mas à estrutura mental de um povo. O que uma

12 SAPSEZIAN, A. O impacto de Calvino em Genebra e além. **SWI**, 10 mar. 2009. Disponível em: www.swissinfo.ch/por/cultura/o-impacto-de-calvino-em-genebra-e-al%c3%a9m/867252. Acesso em: 27 jun. 2025.

A IDENTIDADE NÃO É ALGO FIXO. É UMA CONSTRUÇÃO CONTÍNUA, MOLDADA PELAS PALAVRAS EM QUE ESCOLHEMOS ACREDITAR.

Planeje o excelente, governe o possível e entregue o inimaginável

@FABRICIOOLIVEIRABC

cidade acredita sobre si mesma? Qual é a vocação dela? Como educa as futuras gerações?

A identidade de uma cidade não deve se resumir à geografia ou à economia, mas à maneira como ela pensa e se enxerga no mundo. Sem um pensamento estruturado e uma visão clara, as cidades – assim como as pessoas – tornam-se reféns do acaso e das influências externas, sem controle sobre o próprio destino.

O RESGATE DA VERDADEIRA IDENTIDADE

Assim como Thomas Edison só descobriu a verdade sobre a própria infância depois de adulto, muitas pessoas, cidades e empresas vivem anos sem perceber que a identidade foi moldada por crenças erradas e paralisantes.

Mas, ao contrário de Edison, nem todos temos uma mãe que reescreve nossa história de maneira positiva. Muitas vezes, carregamos rótulos impostos por outros, sem nem questionarmos a validade deles.

A boa notícia é que é possível ressignificar as palavras que ouvimos e escolher novas narrativas.

É possível reescrever a própria história ao compreender que ela não é definida pelos fracassos do passado. Cidades podem redefinir o propósito ao entender que não precisam imitar outras metrópoles, e sim abraçar as características únicas. Empresas podem resgatar a própria relevância ao se reconectar com o que as fez nascer.

No final, a identidade não é algo fixo. É uma construção contínua, moldada pelas palavras em que escolhemos acreditar. E a grande pergunta que fica é: quais palavras estamos escolhendo para definir quem somos?

Se conseguirmos compreender o poder que temos para nos reconstruir, apesar dos fracassos, e de colaborar para a formação da identidade de nossa cidade ou nação, vamos perceber que somos imparáveis. Essa é a grande ideia deste livro, que começa a ser desvendada a partir do próximo capítulo.

CAPÍTULO 3

SOMOS IMPARÁVEIS

Nos primeiros capítulos deste livro, percorremos os desafios que enfrentamos como indivíduos e sociedade. Falamos sobre como a falta de propósito e crenças limitantes moldam a identidade, ou seja, nosso modo de ser e estar neste mundo. Moldam também nossas decisões e podem nos levar à inércia, impedindo-nos de agir para transformar nossa própria realidade.

É... não somos perfeitos. Longe disso! Mas é possível seguir constantemente na busca incansável pelo aperfeiçoamento para tornar-se imparável. Sim, quando atuamos em nosso pleno potencial, nada pode nos deter.

Agora é o momento de compreender que nossos problemas e pensamentos não nos definem. E mostrar o caminho para uma solução possível e "praticável", ou seja, possível de ser implementada no cotidiano.

Não estou falando de nenhum passe de mágica, mas de um conjunto de princípios que, quando compreendidos e aplicados, podem levar qualquer pessoa a superar desafios e, com isso, contribuir para as mudanças a seu redor – na família, no círculo de relacionamentos e na cidade.

Ao longo de minha trajetória, aprendi que a transformação verdadeira começa dentro de cada um. Não se trata apenas de querer mudar o mundo de qualquer jeito, mas de entender que toda mudança externa é reflexo de um processo que começa interiormente.

Compreendi que esse caminho de transformação passa por cinco princípios fundamentais:

- pensamentos;
- comunicação fisiológica;

- autorresponsabilidade;
- o poder da vulnerabilidade;
- mentalidade resiliente.

Esses princípios não são fórmulas mágicas, mas chaves para destravar potenciais e conduzir qualquer pessoa – ou uma comunidade inteira – a um nível muito superior de realização. Abordarei brevemente cada um desses princípios, mas não se preocupe! Vamos nos aprofundar em cada um deles nos próximos capítulos.

Também vou trazer alguns exercícios e práticas para que você consiga implementar, passo a passo, essa mudança em sua vida, para se tornar um imparável, com consciência de si e de seu papel neste mundo. Você será capaz de agir localmente para transformar sua vida e a sociedade.

SOMOS AQUILO QUE PENSAMOS

Certa vez, ouvi uma frase que me marcou profundamente: "Os pensamentos constroem a realidade". No começo, me parecia abstrato demais, quase filosófico. Mas à medida que fui enfrentando desafios – desde a timidez paralisante da infância até as crises que enfrentei como gestor público –, percebi que os pensamentos realmente moldam as ações.

Se acreditamos que somos incapazes, nossas atitudes refletem essa crença. Se achamos que não há saída para determinada situação, o cérebro deixa de buscar soluções. Quando compreendi isso, passei a ter mais consciência de quais pensamentos eu alimentava. E essa mudança de mentalidade foi decisiva em momentos difíceis.

Quantas vezes você já se pegou dizendo "não consigo", "isso não é para mim", "as coisas nunca mudam"? Essas frases, repetidas ao longo do tempo, tornam-se verdades internas e acabam limitando seu potencial.

A mudança começa no exato momento em que você decide reprogramar a mente para enxergar possibilidades onde antes via apenas barreiras.

A TRANSFORMAÇÃO VERDADEIRA COMEÇA DENTRO DE CADA UM. NÃO SE TRATA APENAS DE QUERER MUDAR O MUNDO DE QUALQUER JEITO, MAS DE ENTENDER QUE TODA MUDANÇA EXTERNA É REFLEXO DE UM PROCESSO QUE COMEÇA INTERIORMENTE.

Planeje o excelente, governe o possível e entregue o inimaginável

@FABRICIOOLIVEIRABC

A Bíblia nos ensina isso com clareza em Provérbios 23:7: "Assim como imagina em seu coração, assim é ele".[13] Esse princípio revela que o pensamento tem impacto direto sobre a realidade que construímos para nós mesmos. Quando cultivamos pensamentos positivos e alinhados com nosso propósito, criamos crenças fortalecedoras que nos impulsionam a seguir adiante. Quando alimentamos pensamentos negativos, geramos sentimentos de limitação, medo e fracasso.

A LINGUAGEM CORPORAL

Se a mente influencia a realidade, o corpo não fica de fora desse processo. O modo como nos expressamos fisicamente também tem um impacto profundo na forma como nos sentimos e na percepção que os outros têm de nós.

Aprendi isso quando precisei lidar com a extrema timidez que me limitava. Durante anos, a postura retraída, os ombros encolhidos, o olhar para baixo e o tom de voz hesitante só reforçavam a crença de que eu não era capaz de me expressar. Mas, à medida que fui trabalhando a comunicação corporal – mantendo o olhar firme, ajustando a postura e usando gestos mais expansivos –, percebi que meu cérebro reagia diferente. Comecei a me sentir mais seguro e confiante.

A ciência confirma isso. O psicólogo Albert Mehrabian demonstrou que a comunicação humana é composta por três elementos principais: 7% palavras, 38% tom de voz e 55% linguagem corporal.[14] Ou seja, "o corpo fala". E, muitas vezes, antes mesmo de dizermos qualquer palavra, já estamos comunicando algo.

A psicóloga e pesquisadora Amy Cuddy, em seu livro *O poder da presença*,[15] foi além. Ela afirma que a maneira como nos posicionamos no

13 Provérbios 23:7. Bíblia Online, Almeida Corrigida Fiel. Disponível em: www.bibliaonline.com.br/acf/pv/23. Acesso em: 25 jul. 2025.

14 SENNA, S. Albert Mehrabian – 93% da comunicação é não-verbal? Ibrale, 28 set. 2023. Disponível em: https://ibrale.com.br/albert-mehrabian-93-da-comunicacao-e-nao-verbal. Acesso em: 21 jun. 2025.

15 CUDDY, A. **O poder da presença**: como a linguagem corporal pode ajudar você a aumentar sua autoconfiança e a enfrentar os desafios. Rio de Janeiro: Sextante, 2016.

mundo tem efeito direto sobre a autoconfiança e sobre como os outros nos enxergam. A pesquisa mostra que mudanças na postura corporal alteram os níveis de hormônios no organismo, influenciando diretamente o estado emocional e a percepção que os outros têm de nós.

Se queremos mudar como nos sentimos e como somos percebidos, precisamos aprender a dominar a comunicação não verbal.

AUTORRESPONSABILIDADE

Nos momentos mais difíceis de minha vida, eu poderia ter escolhido culpar as circunstâncias, o destino ou até mesmo outras pessoas por meus desafios. Mas foi ao assumir total responsabilidade sobre minhas escolhas que comecei a mudar meu caminho.

Autorresponsabilidade é entender que, mesmo quando não temos controle sobre os eventos, temos controle sobre o modo como reagimos a eles. Não podemos escolher os desafios que vão surgir, mas podemos escolher como enfrentá-los. Ou, como bem define Paulo Vieira, um dos grandes estudiosos desse tema, autorresponsabilidade significa abandonar o papel de vítima e compreender que aquilo que cabe a nós fazermos, nós temos que fazer.[16]

O problema é que nossa cultura incentiva a terceirização da culpa. "A culpa é do governo", "a culpa é do chefe", "a culpa é da economia". Mas enquanto continuarmos apontando o dedo para fora, deixamos de olhar para dentro e enxergar nosso próprio poder de transformação.

Foi esse princípio que me fez levantar após as derrotas, aprender com meus erros e seguir em frente. E posso afirmar com certeza que toda grande mudança começa com a decisão de assumir o controle da própria vida.

Gosto de uma frase que resume bem o que quero expressar: "Deus te levanta de teus erros, mas não te levanta de tuas desculpas".

16 VIEIRA, P. **O poder da autorresponsabilidade**: a ferramenta comprovada que gera alta performance e resultados em pouco tempo. São Paulo: Gente, 2018.

O PODER DA VULNERABILIDADE

Durante muito tempo acreditei que mostrar fragilidade era sinal de fraqueza. Havia um senso comum de que era preciso sempre demonstrar força, confiança e controle e, como gestor, como homem, como líder, aceitei essa pseudoverdade. Até que percebi que a vulnerabilidade não é um sinal de fraqueza – pelo contrário, é um dos maiores atos de coragem.

A história que contei sobre a ligação que fiz para aquela mulher que estava prestes a cometer suicídio ilustra bem isso. Naquele momento, em vez de fingir que eu tinha todas as respostas, escolhi ser sincero. Disse a ela que eu também estava passando por um momento difícil, que estava enfrentando meu luto, que me sentia perdido. Essa honestidade criou uma conexão imediata, algo genuíno que fez toda a diferença para ela – e para mim.

Brené Brown, pesquisadora de renome sobre vulnerabilidade, afirma que "a coragem de ser imperfeito" é um dos maiores fatores para o sucesso e a conexão humana. Quando baixamos as máscaras, nos tornamos mais acessíveis, inspiramos confiança e criamos laços autênticos com aqueles ao nosso redor.

Para liderar pessoas, projetos ou mudanças, é preciso estar disposto a se mostrar como realmente é.

MENTALIDADE RESILIENTE

Por fim, nenhum dos princípios anteriores faria sentido sem o alicerce da resiliência. A vida não é linear, e nem sempre as coisas acontecem como planejamos. Mas a capacidade de se adaptar, aprender e continuar avançando diante das dificuldades é o que define aqueles que conseguem transformar desafios em oportunidades.

Resiliência não significa apenas resistir, e sim crescer a partir das adversidades. Uma cidade resiliente não é aquela que nunca enfrenta crises, mas a que se reinventa a partir delas. Isso também vale para as pessoas.

A pandemia da covid-19 foi um grande teste de resiliência. Vi empresas fecharem as portas, vi famílias perderem entes queridos, vi pessoas enfrentando o desespero da incerteza. Mas também vi indivíduos e comunidades darem a volta por cima, reinventarem os negócios, unirem-se para ajudar uns aos outros e encontrarem novas formas de prosperar.

A grande questão é: quando a adversidade chega, você se encolhe ou encontra um jeito de se fortalecer? A resposta a essa pergunta define a trajetória de qualquer pessoa.

Derrotas são inevitáveis. Em algum momento da vida, todo mundo enfrenta fracassos, perdas e reveses, e questiona a própria força e propósito. Mas o que diferencia aqueles que seguem em frente dos que desistem é a mentalidade resiliente; a capacidade de aprender com a adversidade e transformá-la em crescimento.

Existe uma frase poderosa que acredita-se ser de Martin Luther King Jr.: "Acredito que a verdade desarmada e o amor incondicional terão a palavra final na realidade. É por isso que o certo, temporariamente derrotado, é mais forte que o mal triunfante".

A MUDANÇA COMEÇA COM O PRIMEIRO PASSO

Se queremos cidades melhores, um país melhor, um mundo melhor, tudo começa com nossa própria transformação. Somos aquilo que pensamos. Nossa comunicação molda nossas relações. Assumir a responsabilidade pelos próprios atos é libertador. A vulnerabilidade nos conecta. E a resiliência nos fortalece.

Esse é o caminho que percorri para sair da timidez paralisante e me tornar um líder capaz de impactar vidas e palestrar em um evento na sede da ONU. Esse é o caminho que transformou Balneário Camboriú em uma cidade que não apenas cresce, mas que tem identidade. E esse é o caminho que pode mudar sua história também.

Cada um de nós carrega dentro de si o potencial para gerar impacto e deixar um grande legado. Mas esse caminho começa com uma escolha simples: decidir ser a mudança que desejamos ver.

CADA UM DE NÓS
CARREGA DENTRO DE SI
O POTENCIAL PARA GERAR
IMPACTO E DEIXAR UM
GRANDE LEGADO. MAS ESSE
CAMINHO COMEÇA COM
UMA ESCOLHA SIMPLES:
DECIDIR SER A MUDANÇA
QUE DESEJAMOS VER.

Planeje o excelente, governe o possível e entregue o inimaginável

@FABRICIOOLIVEIRABC

CAPÍTULO 4

VOCÊ É AQUILO QUE PENSA

A vida tem um jeito bem curioso de nos testar. Às vezes, tudo parece estar no controle, e então, do nada, vem uma reviravolta que não poderíamos imaginar nem em um milhão de anos. Um problema inesperado, uma decepção, um caminho que se fecha bem em nossa frente.

É verdade que, na maioria das vezes, não temos como impedir essas situações. Não escolhemos algumas das dificuldades que nos aparecem, as injustiças que enfrentamos ou os momentos em que a vida simplesmente parece nos virar do avesso. Mas existe algo que está 100% em nossas mãos: *como reagimos a tudo isso.*

Já reparou como duas pessoas podem passar pela mesma situação e sair dela de maneiras completamente diferentes? Uma se afunda no desespero, enquanto a outra encontra forças para transformar o desafio em crescimento. Sabe o que muda entre elas? O que e como elas *pensam* sobre o que aconteceu.

Você é aquilo que pensa. Parece uma frase simples, mas, se pararmos para refletir, carrega um poder imenso. Os pensamentos são como lentes por meio das quais enxergamos o mundo. Eles moldam as emoções, e as emoções determinam as ações. Ou seja, não é o que acontece com a gente que define quem somos, e sim como interpretamos e reagimos ao que acontece conosco.

NÃO É O QUE ACONTECE COM A GENTE QUE DEFINE QUEM SOMOS, MAS COMO INTERPRETAMOS E REAGIMOS AO QUE ACONTECE CONOSCO.

Planeje o excelente, governe o possível e entregue o inimaginável

@FABRICIOOLIVEIRABC

A Bíblia nos ensina essa verdade há séculos. Retomando Provérbios 23:7 que diz que: "Assim como imagina em seu coração, assim ele é". Isso quer dizer que aquilo que acreditamos sobre nós mesmos e o mundo ao nosso redor transforma nossa realidade.

A MENTE É UM TERRENO FÉRTIL. AQUILO QUE VOCÊ PLANTA, VOCÊ COLHE. A GRANDE PERGUNTA É: O QUE VOCÊ TEM ESCOLHIDO SEMEAR EM SEUS PENSAMENTOS?

Se alimentamos pensamentos que nos fortalecem, como pensamentos de coragem, confiança e propósito, nossas ações seguirão esse caminho. Vamos nos levantar, buscar soluções e criar possibilidades para agir. Agora, se nossa mente estiver cheia de dúvidas, medos e crenças limitantes, é exatamente isso que vai refletir em nossa vida, e vamos paralisar, ficar sem ação.

No fim das contas, a mente é um terreno fértil. Aquilo que plantamos, colhemos. A grande pergunta é: o que temos escolhido semear em nossos pensamentos?

O QUE SOMOS, O QUE PODEMOS E O QUE MERECEMOS

Se os pensamentos moldam a realidade, então há uma pergunta essencial que precisamos fazer a nós mesmos: o que pensamos sobre nós mesmos?

A resposta para essa pergunta está diretamente ligada a três crenças fundamentais: quem acreditamos ser, o que achamos que somos capazes de fazer e o que sentimos que merecemos. Esses três pilares formam a base de nossa identidade e, muitas vezes, estão tão enraizados na mente que nem percebemos quanto influenciam cada escolha que fazemos, cada reação que temos e cada caminho que seguimos ou deixamos de seguir.

O psicólogo e autor Daniel Goleman, referência mundial em inteligência emocional, explica que as respostas emocionais e comportamentais não surgem do nada. São programadas ao longo da vida, especialmente na infância, quando aprendemos sobre o mundo por meio de três canais principais: o que sentimos, o que vimos e o que ouvimos.

No livro *Inteligência emocional*, Goleman afirma que as emoções, quando ativadas, desencadeiam um conjunto de respostas automáticas que moldam os pensamentos e, por consequência, nossa percepção da realidade. Ele afirma que "nossas paixões, quando bem exercidas, têm sabedoria; orientam nosso pensamento, nossos valores, nossa sobrevivência. Mas podem facilmente cair em erro, e o fazem com demasiada frequência".[17]

Grande parte do que acreditamos sobre nós mesmos não é uma verdade absoluta, mas o reflexo do que aprendemos com o ambiente a nosso redor. As palavras que ouvimos dos pais, professores e amigos; os exemplos que vimos em casa ou na sociedade; as experiências que marcaram nossas emoções: tudo isso vai moldando a maneira como nos enxergamos e como nos posicionamos no mundo.

Um dado impressionante é que até 95% de nossas ações diárias são conduzidas pelo subconsciente, segundo pesquisas na área da neurociência.[18] Ou seja, a forma como reagimos às situações, os medos que carregamos, os padrões que repetimos... tudo é um reflexo das memórias emocionais que registramos ao longo da vida. Muitas dessas memórias nem ao menos estão acessíveis em nossa consciência, mas continuam tomando conta de nossas decisões.

Então, se a maior parte de nossas ações é conduzida por crenças que nem percebemos, *o que acontece quando essas crenças são negativas?*

Se, desde cedo, uma pessoa escuta que não é inteligente o suficiente, ou que não merece sucesso, ou que nunca será boa em determinada coisa, essa ideia se instala como uma verdade absoluta. Sem perceber, ela começa a agir de acordo com essa "verdade", sabotando todas as oportunidades.

Por outro lado, quando alguém cresce ouvindo que é capaz, que pode aprender, que merece coisas boas, o subconsciente trabalha a favor. Mesmo

17 GOLEMAN, D. **Inteligência emocional**: a teoria revolucionária que redefine o que é ser inteligente. Rio de Janeiro: Objetiva, 1996. p. 28

18 BUCZYNSKI, M. Porque você deveria estar usando neurociência. **Forebrain**, 9 nov. 2017. Disponível em: https://blog.forebrain.com.br/porque-voce-deveria-estar-usando-neurociencia. Acesso em: 27 jun. 2025.

diante dos desafios, essa pessoa encontra motivação para seguir em frente, porque seus pensamentos sustentam essa possibilidade.

O QUE PENSAR EM MEIO AO CAOS?

O medo estava por toda parte.

Era impossível andar pelas ruas de Balneário Camboriú durante a pandemia sem sentir o peso da incerteza no ar. As pessoas estavam muito assustadas. Algumas temiam pela própria vida, outras choravam a perda de alguém querido. Pequenos empresários viam os negócios fecharem, famílias se preocupavam com o sustento do mês seguinte.

Eu também sentia medo.

Liderar uma cidade já é, por si só, um grande desafio. Mas governar no meio de uma crise sem precedentes era algo que testava meus limites todos os dias. Certas noites, eu não conseguia dormir. Como prefeito, eu não podia me dar ao luxo de me entregar ao pânico. Mas, para dizer a verdade, em alguns momentos o desespero me cercava por todos os lados.

Então percebi que tinha uma escolha a fazer. Ou me afundava com o medo coletivo e permitia que ele me paralisasse, ou assumia o controle da única coisa que realmente estava sob meu domínio: o que eu podia fazer a partir do que estava acontecendo. E eu podia mudar meus pensamentos.

Em Romanos 12:2, a Palavra de Deus nos ensina: "Não se amoldem ao padrão deste mundo, mas transformem-se pela renovação da sua mente, para que sejam capazes de experimentar e comprovar a boa, agradável e perfeita vontade de Deus". Naquele tempo, minha mente precisava ser forjada, ampliada em fé e expectativa, para discernir o que fazer em meio à tempestade que o mundo enfrentava. Foi então que assumi um propósito diante de Deus: todas as noites, durante quase 180 dias, subi ao monte para orar pela cidade, interceder pelas famílias e buscar direção divina para governar em meio à crise da pandemia. Eu precisava acreditar nisso, porque, se minha mente cedesse ao caos, minha liderança também cederia. Foi assim que consegui forças para agir e enfrentar a situação – da qual saímos muito melhor depois.

Quando mudamos a maneira de pensar, mudamos também o modo como agimos. Minhas decisões começaram a refletir essa confiança. Em vez de focar o que estava fora de controle, concentrei esforços no que era possível fazer naquelas circunstâncias: criei um hospital especializado para atender toda a região, implementei programas para apoiar emocionalmente os moradores e, aos poucos, a cidade começou a reagir.

O medo ainda existia, mas agora havia um contraponto muito mais forte: a esperança.

Essa experiência me fez entender, na prática, que aquilo que cultivamos na mente define o que somos capazes de realizar. Assim como Winston Churchill, que, em plena Segunda Guerra Mundial, usou o poder das palavras para moldar a mentalidade de uma nação inteira e fazê-la acreditar que resistiria ao ataque nazista, eu sabia que minha cidade precisava acreditar que sairia mais forte daquela crise. E foi exatamente o que aconteceu.

Nosso pensamento não é "apenas" um detalhe. É a base de tudo.

É por isso que este capítulo é tão importante. Não estamos falando de pensamento positivo superficial – ou, como dizem atualmente, sobre "positividade tóxica" –, e sim do entendimento profundo de que a mentalidade tem o poder de transformar crises em oportunidades, medos em coragem, fraquezas em força.

Se quisermos mudar nossa realidade, precisamos, antes de tudo, aprender a mudar a forma como pensamos.

O CICLO DO PENSAMENTO

Você já pensou no impacto que um único pensamento pode ter em sua vida?

Aquilo que acreditamos sobre nós mesmos, sobre os outros e sobre o mundo ao nosso redor não fica apenas na mente – os pensamentos desencadeiam emoções, as emoções influenciam as ações e, com o tempo, as ações formam hábitos que moldam nosso destino. O ciclo *Pensamento → Emoção → Ação → Resultado* explica por que algumas pessoas conseguem transformar desafios em oportunidades, enquanto outras se sentem presas a padrões que parecem impossíveis de mudar.

Tudo começa com aquilo em que acreditamos. Nossas crenças, formadas desde a infância, servem como filtros pelos quais interpretamos a realidade. O psicólogo Albert Ellis, criador da Terapia Racional-Emotiva Comportamental (TREC), argumentava que não são os acontecimentos que determinam emoções e comportamentos, e sim como os interpretamos.[19] Ou seja, a maneira como pensamos sobre um evento define como nos sentimos em relação a ele e, consequentemente, como reagimos.

O princípio fundamental dessa corrente psicológica baseia-se no pressuposto do filósofo grego Epíteto: "Perturbam aos homens não as coisas, senão a opinião que delas têm".[20] Quer dizer que não são as coisas que acontecem que perturbam as pessoas, são elas que se perturbam pela visão que têm dos acontecimentos.

De acordo com a TREC, os indivíduos tendem a desenvolver formas irracionais ao pensar sobre si, sobre os outros e sobre a vida, criando uma forma de viver disfuncional, o que dá margem ao surgimento de diversos transtornos e disfunções.

A frase atribuída a Mahatma Gandhi também resume esse ciclo. "Nossas crenças se transformam em pensamentos, os pensamentos em palavras, as palavras se tornam ações e estas ações repetidas se tornam hábitos. E estes hábitos formam nossos valores, e nossos valores determinam nosso destino."[21]

Se alguém acredita que não é bom o suficiente para determinada tarefa, essa crença se transforma em pensamentos de dúvida, que geram insegurança e medo de tentar. Esse medo leva à inação ou à autossabotagem, reforçando ainda mais a ideia inicial de incapacidade. Por outro lado, uma pessoa que se acredita capaz enfrenta desafios com mais coragem, ajusta as estratégias quando necessário e persiste até alcançar os objetivos.

---

19 ELLIS, A. **Rational Emotive Behavior Therapy**: It Works for Me - It Can Work for You. Nova York: Prometheus, 2004.

20 ENSINAMENTOS de Epicteto. *Respire. Agora*, 3 abr. 2022. Disponível em: https://respireagora.com/2022/04/03/ensinamentos-de-epicteto. Acesso em: 21 jul. 2025.

21 NOSSAS crenças. *Pensador*. Disponível em: https://www.pensador.com/frase/MTc3NjM4NA. Acesso em: 21 jul. 2025.

Os pensamentos não ficam isolados, eles ativam respostas emocionais no cérebro. Goleman explica que as emoções desempenham um papel crucial nas decisões diárias. Segundo ele, os circuitos emocionais do cérebro podem sequestrar a racionalidade, levando-nos a agir impulsivamente com base em padrões aprendidos.

Isso significa que cultivar pensamentos negativos desperta emoções como medo, ansiedade e frustração, que influenciam diretamente as ações. Se, por outro lado, desenvolvemos o hábito de interpretar desafios como oportunidades de aprendizado, criamos emoções que favorecem ações mais acertadas e produtivas.

Quer um exemplo prático? Se um atleta de corrida de alto desempenho acredita que pode melhorar a performance e mantém uma rotina disciplinada de treinos, reforça a crença na própria capacidade. E, com isso, vai melhorar o próprio tempo recorde e pode se tornar um campeão.

Também vale para qualquer área da vida: ações repetidas se transformam em hábitos, e hábitos se tornam parte de nossa identidade.

No fim das contas, aquilo que fazemos repetidamente define quem nos tornamos. Se nossos hábitos forem pautados por crenças fortalecedoras, criaremos um ciclo de crescimento e progresso. Mas se permitirmos que pensamentos limitantes dominem nossa mente, nossas ações e hábitos reforçarão esse ciclo de estagnação.

O HÁBITO DE PENSAR POSITIVAMENTE

Pensar de maneira positiva não significa ignorar os desafios ou negar as dificuldades da vida, significa desenvolver um olhar que busca soluções, oportunidades e aprendizados em meio às adversidades. Significa acreditar que cada obstáculo pode ser um trampolim para um novo nível de crescimento.

A ciência já comprovou que pensamentos positivos contribuem para uma saúde emocional e física mais equilibrada. Estudos em neurociência demonstram que a repetição de padrões de pensamento cria conexões cerebrais que reforçam determinadas percepções. Ou seja, quanto mais cultivamos pensamentos saudáveis e esperançosos, mais o cérebro se acostuma a esse padrão, tornando-nos naturalmente mais resilientes e preparados para os desafios da vida.

Isso não significa que nunca teremos dias difíceis ou momentos de dúvida. Mas, ao treinar a mente para focar o que há de melhor, criamos um alicerce sólido para superar qualquer situação. Como escreveu Viktor Frankl: "Quando não temos mais condição de mudar uma situação [...], então somos estimulados a mudar a nós mesmos".[22]

Isso significa que, mesmo quando não temos controle sobre as circunstâncias externas, sempre haverá a possibilidade de controlar nossa perspectiva sobre elas.

O PENSAMENTO COMO FERRAMENTA DE CONSTRUÇÃO

O pensamento não apenas influencia as emoções, mas também determina os resultados que obtemos na vida. Quando cultivamos uma mentalidade de crescimento, abrimos portas para novas oportunidades e conquistamos mais do que imaginávamos ser possível.

Pessoas que acreditam que podem alcançar grandes feitos se esforçam mais, persistem diante dos desafios e se permitem sonhar alto. Pessoas que acreditam que não são capazes, por outro lado, limitam as próprias possibilidades antes mesmo de tentar.

A maneira como pensamos define:

- A autoconfiança e a autoestima.
- A maneira como lidamos com críticas e fracassos.
- A capacidade de enxergar oportunidades em meio às crises.
- A resiliência para seguir em frente quando as dificuldades surgem.

Se quisermos mudar nossa realidade, devemos, antes de tudo, mudar a maneira como pensamos. O primeiro passo para uma transformação

22 FRANKL, V. E. **Um sentido para a vida**: psicoterapia e humanismo. São Paulo: Ideias e Letras, 2014.

profunda – seja individual ou coletiva – está na decisão de alinhar os pensamentos com o que queremos construir.

ESCOLHA PENSAR "MELHOR"

O pensamento é um hábito. Assim como treinamos o corpo com exercícios físicos, podemos treinar a mente para funcionar a nosso favor. Isso começa com pequenas mudanças diárias, como:

- **Monitorar o que pensamos.** Perceber quando estamos alimentando pensamentos negativos e questioná-los. "Essa crença é realmente verdadeira? Ou apenas um reflexo do medo que estou sentindo agora?"
- **Substituir padrões negativos por positivos.** Criar afirmações que reforçam nossa capacidade, como "eu sou capaz", "eu sou merecedor" ou "eu posso aprender com essa situação".
- **Cercar-se de influências positivas.** Livros, conversas, ambientes e conteúdos que nos inspirem a crescer e a enxergar o lado bom da vida.
- **Desenvolver gratidão.** Praticar o hábito de reconhecer as coisas boas que já temos ajuda a reprogramar a mente para enxergar abundância em vez de escassez.

Ao longo desta jornada, veremos que o pensamento é a base da transformação. Se quisermos impactar nossa vida e nossa comunidade, precisamos começar pela construção interna. O primeiro passo para se tornar imparável é assumir o controle daquilo que permitimos habitar nossa mente.

COMO MUDAR OS PENSAMENTOS E TRANSFORMAR A REALIDADE: UM GUIA PRÁTICO

Agora que você entendeu como os pensamentos moldam nossa vida, vem a pergunta mais importante: *como reprogramar a mente para que ela trabalhe a meu favor?* Afinal, não basta saber que os pensamentos influenciam o destino, é preciso agir para transformá-los.

Se você quer mudar sua realidade, comece mudando a maneira como pensa. Isso pode não ser tão simples – na verdade, pode ser bem desafiador. Por isso, criei uma espécie de "guia prático" com passos simples, mas poderosos, para ajudar você a construir um ciclo mental positivo e fortalecer crenças que impulsionam seu crescimento.

PASSO 1: IDENTIFIQUE PENSAMENTOS AUTOMÁTICOS

Grande parte do que pensamos acontece no piloto automático. Às vezes, nem percebemos que estamos nos autossabotando. Então, o primeiro passo é trazer esses pensamentos à consciência.

O que fazer:

1. Durante o dia, preste atenção ao que sua mente diz quando surge um desafio. Você se encoraja ou se coloca para baixo?

   ____

   ____

2. Quando cometer um erro, observe qual é sua primeira reação: você se critica ou pensa em como pode melhorar?

   ____

   ____

3. Se perceber um pensamento negativo sobre si mesmo, anote-o e reflita: isso é um fato ou apenas uma crença limitante?

   ____

   ____

Exemplo:
Se você pensa "Eu nunca consigo fazer nada direito", pergunte-se: "Isso é realmente verdade?", "Há algo em minha vida que consegui realizar muito bem?", "Esse pensamento tem fundamento ou é apenas um reflexo do medo ou da insegurança?".

PASSO 2: SUBSTITUA PENSAMENTOS NEGATIVOS POR AFIRMAÇÕES POSITIVAS

Depois de identificar pensamentos que o enfraquecem, você precisa substituí-los por frases que reforcem sua capacidade. O cérebro aprende pela repetição, então, quanto mais você alimentar pensamentos positivos, mais fortes eles se tornam.

O que fazer:

1. Toda vez que um pensamento negativo surgir, reformule-o de modo positivo. Anote frases fortalecedoras e repita-as diariamente em voz alta.

____
____
____
____
____
____
____
____
____
____

Exemplos:
Negativo: "Eu nunca vou conseguir fazer isso."
Positivo: "Pode ser difícil, mas se eu persistir, vou aprender e melhorar."

Negativo: "Eu não sou bom o suficiente."
Positivo: "Eu sou capaz e estou em constante evolução."

No começo, essas afirmações podem parecer estranhas ou até falsas. Mas, com o tempo, sua mente começará a aceitá-las como realidade.

PASSO 3: MUDE O FOCO

O que entra em sua mente, o que você consome diariamente, tem um impacto enorme na forma como você pensa. Se você está sempre cercado de notícias negativas, pessoas que reclamam o tempo todo ou conteúdos que reforçam crenças limitantes, seu cérebro será moldado por isso.

O que fazer:

- Escolha bem o que lê, assiste e ouve.
- Passe mais tempo com pessoas que o inspiram.
- Evite conversas que alimentam o medo, a escassez e a negatividade.

Exemplo:
Se você consome notícias negativas logo pela manhã, experimente começar o dia ouvindo um podcast motivacional ou lendo um livro inspirador.

Se perceber que está cercado por pessoas que só reclamam, tente puxar a conversa para algo positivo ou se afaste dessas interações quando possível.

PASSO 4: PRATIQUE A GRATIDÃO TODOS OS DIAS

A gratidão é uma das ferramentas mais poderosas para mudar o padrão mental. Quando focamos o que já temos, em vez de o que nos falta, treinamos o cérebro para enxergar abundância no lugar de escassez. Isso gera um impacto direto no bem-estar e na capacidade de agir com mais confiança.

O que fazer:

Todos os dias, liste pelo menos três coisas pelas quais você é grato.

____

____

____

____

____

____

Sempre que sentir a mente entrando em um padrão negativo, redirecione o foco para algo positivo.

Exemplo:
Ao acordar, pergunte-se: "Pelo que posso ser grato hoje?".
No fim do dia, reflita sobre três momentos bons, por menores que sejam.

EXERCÍCIO PRÁTICO: O BANHO DA GRATIDÃO

Uma forma simples, mas eficaz, de treinar a mente para focar na abundância é criar um ritual diário de gratidão – exercício que aprendi no Método CIS®, de Paulo Vieira. Sugiro que faça isso no chuveiro, quando estiver tomando banho, mas você pode fazer quando considerar mais conveniente!

Como funciona:

1. Sua tarefa é listar, durante o banho, quarenta motivos pelos quais é grato.
2. No começo, pode ser difícil pensar em tantos, mas insista.
3. Quando se esgotarem as "grandes" razões (como "Sou grato pelo contrato que fechei hoje", "Sou grato por ser um líder que motiva as pessoas"), comece a agradecer pelas pequenas coisas: o sol que aquece sua sacada, a água quente que você tem à disposição, o fato de ter duas mãos, poder enxergar, andar, respirar sem esforço...

O impacto desse exercício é enorme. Quando treinamos o cérebro para perceber o que há de positivo ao redor, nossa visão de mundo muda e começamos a enxergar a vida com mais gratidão naturalmente. Também nos tornamos mais confiantes, resilientes e focados no que realmente importa.

Mudar o modo como pensamos exige treino e disciplina, mas os resultados fazem valer a pena. Ao aplicar esses passos em seu dia a dia, você começa a perceber como seu estado mental muda, como as emoções se tornam mais equilibradas e como as ações começam a refletir uma nova realidade.

E lembre-se: você não pode controlar tudo o que acontece ao redor, mas pode controlar a maneira como reage a isso. Seus pensamentos são a base de sua vida, escolha alimentá-los com o que te fortalece.

UMA CIDADE É O REFLEXO DO QUE SEU POVO PENSA

Se aquilo que pensamos molda nossa identidade, nossa trajetória e nossa realidade, o que dizer de usar o mesmo princípio em uma cidade inteira?

Uma cidade não é formada apenas por ruas, prédios e toda sua infraestrutura. É feita de pessoas, de histórias, de um espírito coletivo que dá forma a sua identidade. Se os cidadãos acreditam que vivem em um lugar sem futuro, sem oportunidades, sem propósito, esse pensamento se espalha como uma praga que paralisa qualquer possibilidade de mudança. Mas, se a coletividade enxerga sua cidade como um espaço de crescimento, de inovação, de prosperidade, ela se transforma exatamente nisso.

ASSIM COMO UM INDIVÍDUO PODE MUDAR SUA VIDA AO MUDAR SEU MODO DE PENSAR, UMA CIDADE PODE MUDAR SUA REALIDADE AO REDEFINIR SUA IDENTIDADE COLETIVA.

Foi essa mentalidade que mudou Balneário Camboriú. No meio de uma crise sem precedentes, em que o medo e a escassez poderiam ter tomado conta, escolhemos pensar diferente. Cultivamos o pensamento de uma cidade próspera, saudável e forte, e esse pensamento coletivo orientou nossas ações, mobilizou pessoas e transformou desafios em oportunidades.

E essa verdade não se aplica apenas a nossa cidade, vale para qualquer lugar. Se os moradores de uma comunidade acreditam que o progresso é possível, que podem construir algo melhor, que são protagonistas da própria história, começam a agir de acordo com essa crença. E as ações individuais, somadas, criam um movimento que impulsiona toda a cidade.

Assim como um indivíduo pode mudar sua vida ao mudar seu modo de pensar, uma cidade pode mudar sua realidade ao redefinir sua identidade coletiva.

O que você acredita sobre o lugar onde vive? O que sua cidade acredita sobre si mesma? Se queremos ver transformação ao nosso redor, precisamos começar pela transformação de nosso pensamento. Porque, no fim das contas, uma cidade será exatamente aquilo que seu povo acredita que ela pode ser.

Se nossos pensamentos moldam nossa realidade e até o destino de uma cidade, há um próximo passo essencial nessa jornada: como o corpo responde a esses pensamentos? Nossos estados mentais não existem isoladamente – eles se manifestam fisicamente, influenciando a postura, a expressão e até a saúde. Assim como uma mente cheia de confiança se reflete em uma postura ereta e olhar firme, pensamentos de insegurança e medo podem ser lidos no corpo sem que uma única palavra seja dita.

No próximo capítulo, vamos explorar a comunicação fisiológica, ou seja, a forma como o corpo expressa o que pensamos e sentimos, e como podemos utilizar essa conexão entre mente e corpo para fortalecer nossa presença, transmitir credibilidade e até reconfigurar estados emocionais. Afinal, não basta apenas pensar diferente, é preciso viver essa mudança em cada gesto e atitude.

CAPÍTULO 5

LINGUAGEM CORPORAL: O CORPO COMO MENSAGEIRO

Naquela noite de 26 de setembro de 1960, o estúdio da CBS – uma das mais antigas e mais importantes redes de TV dos Estados Unidos – "fervia" sob as luzes incandescentes. O clima era tenso. De um lado, John F. Kennedy, jovem senador de Massachusetts, parecia relaxado, com um sorriso leve no rosto e os olhos firmes, encarando a câmera. Do outro, Richard Nixon, então vice-presidente dos Estados Unidos, mostrava uma expressão rígida, o cenho franzido e um brilho forte na testa, sinal do suor que insistia em escorrer.[23]

Os Estados Unidos estavam divididos, e milhões de americanos estavam atentos aos aparelhos de rádio para ouvir o que prometia ser um embate de ideias entre os dois candidatos à presidência. Mas, pela primeira vez na história, outro público assistia a essa disputa de modo diferente: pela tela da televisão. Aquele era o primeiro debate presidencial televisionado no mundo.

23 KENNEDY vs. Nixon: The first 1960 presidential debate. 2020. Vídeo (58min10s). Publicado pelo canal PBS NewsHour. Disponível em: https://www.youtube.com/watch?v=AYP8-oxq8ig. Acesso em: 27 jun. 2025.

Quem acompanhou pelo rádio ouviu um Nixon combativo, articulado, com argumentos sólidos. Demonstrava com as palavras o político experiente que era, a pessoa que dominava os números e sabia como rebater o adversário a cada questionamento. Para esses ouvintes, o debate estava muito equilibrado. Na verdade, muitos acreditaram que Nixon havia se saído melhor.[24]

Mas, para quem assistia pela TV, a percepção era totalmente diferente. Na imagem, Kennedy parecia um líder nato. Sentado com postura ereta, terno escuro bem ajustado, pele bronzeada com aspecto saudável. Sua voz era firme, pausada, e ele falava diretamente para a câmera, como se olhasse nos olhos de cada americano dentro da casa dele. Quando Nixon falava, Kennedy continuava imóvel, atento, sem demonstrar nenhum incômodo.

Já Nixon... Ele se mexia na cadeira, parecia inquieto. Estava abatido por uma recente internação hospitalar e, para piorar, recusou-se a usar maquiagem, o que fez o rosto dele parecer ainda mais pálido sob as luzes fortes do estúdio. A cor do terno se misturava com a do fundo, deixando-o apagado naquele cenário. Além disso, ele frequentemente desviava o olhar, parecendo hesitante.

O contraste era gritante. Um dos candidatos parecia calmo, pronto, no controle. O outro, desgastado, desconfortável, à beira do esgotamento.

Quando o debate terminou, as pesquisas mostraram um resultado curioso: quem ouviu pelo rádio disse que Nixon tinha vencido. Quem assistiu pela TV afirmou que Kennedy tinha sido o grande vencedor.

A televisão havia provado que, na política moderna, não basta dizer as palavras certas, é preciso parecer a pessoa certa. A mensagem verbal de Nixon podia estar afiada, mas a comunicação não verbal gritava nervosismo e cansaço. Já Kennedy, além do discurso coeso, dominava a arte da presença, do olhar e da postura.

Esse debate (e os próximos que se seguiram) não só consolidou a vitória de Kennedy nas urnas, algumas semanas depois, como também

24 SCHOLARLY Analysis of the Kennedy-Nixon Debates. **Purdue University**, [s.d.]. Disponível em: www.cla.purdue.edu/academic/history/debate/kennedynixon/kennedynixonscholarly.html. Acesso em: 27 jun. 2025.

transformou a maneira como a política passou a ser conduzida dali em diante. Nunca mais um candidato subestimou o poder da imagem e da linguagem corporal.

Essa história provou que a forma como você se apresenta - postura, imagem, gestos - pode ser tão (ou mais) importante que aquilo que você diz.

Se Kennedy tivesse cometido os mesmos erros de Nixon (evitar contato visual, aparentar tensão no rosto, usar um terno que se confundia com o fundo), o resultado da eleição poderia ter sido diferente. Afinal, a confiança não tem a ver apenas com o que se diz, mas com como ela é sentida pelo público.

O episódio do debate Kennedy-Nixon é um marco para quem deseja entender o poder da comunicação não verbal. E o mais interessante é que isso não se aplica apenas à política. Todos nós, em qualquer área da vida, estamos constantemente enviando sinais por meio da linguagem corporal.

Um aperto de mão, a maneira como ocupamos o espaço ao nosso redor, a firmeza do olhar, até a forma como respiramos, tudo isso pode nos tornar mais confiantes ou mais frágeis aos olhos dos outros. E não é só isso! A forma como usamos o corpo para nos expressar *tem impacto significativo sobre como nos sentimos, em nossas ações e em nossos resultados.*

O que importa é entendermos que nossa comunicação não está apenas no que dizemos, e sim em como nos posicionamos frente ao mundo. E quando aprendemos a usar o corpo a favor de nossa mensagem, nos tornamos imparáveis.

E por que tudo isso funciona tão bem? A ciência tem a resposta.

A CIÊNCIA DA POSTURA

A história do debate entre Kennedy e Nixon, os tão famosos discursos de Obama, nos mostram uma coisa: não basta ter boas ideias, é preciso fazer o corpo todo apresentá-las bem. Nixon tinha um discurso sólido, mas a linguagem corporal dele traiu a mensagem. Enquanto Kennedy parecia seguro e à vontade, Nixon estava desconfortável, inquieto, suando - e isso custou caro para ele.

O que exatamente faz a postura e os gestos causarem um impacto tão profundo? A ciência tem algumas respostas, e a melhor pessoa para explicar isso é Amy Cuddy.

Se você nunca ouviu falar dela, Amy Cuddy é uma psicóloga social que ficou famosa pelo TED Talk "*Your body language may shape who you are*" [Sua linguagem corporal molda quem você é] – uma das palestras mais assistidas de toda a história no YouTube.[25] O que ela descobriu foi algo surpreendente: *o modo como você se posiciona não apenas afeta como os outros percebem você, mas também tem influência sobre o que você sente por si mesmo.*

Cuddy diz que a postura pode até mudar a bioquímica, além de influenciar o comportamento e transformar a maneira como interagimos com o mundo. Para isso, ela sugere usarmos o que chamou de "poses de poder". E o que é isso, afinal?

Imagine duas pessoas antes de uma entrevista de emprego. Uma delas está sentada de forma retraída, ombros caídos, mãos entrelaçadas no colo, parecendo menor do que realmente é. A outra está de pé, com a cabeça erguida, mãos na cintura, pernas esticadas e pés firmes no chão, ocupando espaço. Mesmo sem vê-las, responda: *qual dessas duas parece mais confiante? Quem parece ter mais controle da situação?*

A pesquisa de Cuddy mostrou que ficar em uma posição de poder por apenas dois minutos pode impactar nosso estado emocional. Em sua palestra no TED Talks, ela relata um estudo que mostrou que os participantes que adotavam posturas expansivas antes de situações desafiadoras se sentiam mais confiantes, assumiam mais riscos e passavam uma imagem mais forte. Mais do que isso: exames posteriores mostraram que os níveis de testosterona (o hormônio da dominância) aumentavam, enquanto o cortisol (o hormônio do estresse) diminuía simplesmente após passarem dois minutos adotando uma postura de poder.

Em outras palavras, pessoas confiantes e poderosas se posicionam de modo mais expansivo, *mas você pode adotar poses de poder e se tornar uma pessoa mais confiante também.*

25 AMY Cuddy: Your Body Language May Shape Who You Are. 2012. Vídeo (21min2s). Publicado pelo canal TED. Disponível em: https://www.youtube.com/watch?v=Ks-_Mh1QhMc&t=4s. Acesso em: 27 jun. 2025.

No caso do debate entre os presidenciáveis, Kennedy parecia maior. Ele mantinha a postura firme, usava gestos abertos e pausados. Ele dominava o espaço sem parecer agressivo. Já Nixon fazia o oposto. A postura fechada, os movimentos tensos, o olhar inquieto, tudo contribuía para a percepção de fraqueza e desconforto.

E não foi só Nixon. Na história política dos Estados Unidos, Al Gore, Hillary Clinton e Barack Obama, nos primeiros discursos políticos, tiveram que aprender a usar o corpo para transmitir força e carisma. A diferença entre um grande líder e um candidato que é rapidamente esquecido muitas vezes está na forma como ele ocupa o espaço.

Para as situações cotidianas, Cuddy sugere algo bem simples: antes de entrar em uma situação importante, como uma reunião, uma apresentação ou entrevista de emprego, busque um local tranquilo (pode ser até o banheiro do lugar!) e passe dois minutos em posição de poder.

- Levante-se, abra os ombros, coloque as mãos na cintura.
- Mantenha a cabeça e o queixo erguidos, respire fundo.
- Expanda o corpo e ocupe o espaço ao redor.

Isso pode parecer bobo, mas o efeito psicológico é real. Se você já sentiu o corpo encolher quando está nervoso (diminuindo os ombros, cruzando os braços, evitando o olhar das pessoas), então sabe como a postura reflete seu estado mental. A questão é que isso também funciona ao contrário.

SE VOCÊ NÃO CONTROLA O CORPO, O CORPO VAI CONTROLAR VOCÊ

Imagine estes dois cenários:

1. Você entra em uma sala de reunião com os ombros caídos, mexendo no celular, sem olhar para ninguém.
2. Você entra com a cabeça erguida, com olhar atento, sorriso leve e postura firme.

A MAIOR DIFERENÇA ENTRE QUEM DEIXA UM LEGADO E QUEM APENAS PASSOU PELA VIDA É QUE UM DECIDIU SERVIR, ENQUANTO O OUTRO ESPEROU SER SERVIDO.

Planeje o excelente, governe o possível e entregue o inimaginável

@FABRICIOOLIVEIRABC

Em qual das duas situações a pessoa parece estar no controle? Quem transmite mais confiança?

As pessoas ao seu redor estão sempre lendo os sinais que seu corpo envia, mesmo que você não tenha intenção alguma de fazer isso. Você pode até estar dizendo as palavras certas, mas, se sua linguagem corporal contar uma história diferente, é essa história que vai "falar" mais alto.

Há outros estudos que também confirmam o poder da linguagem corporal.

SORRIA, MESMO SEM QUERER!

Sabe aquele ditado que diz que "sorrir é o melhor remédio"? Pois a ciência mostra que isso tem fundamento. Um estudo conduzido por pesquisadores da Universidade de Stanford, envolvendo milhares de pessoas em diferentes países, revelou que forçar um sorriso pode, de fato, melhorar o humor.[26]

A pesquisa testou duas situações. Em uma delas, os participantes simplesmente imitavam expressões felizes de fotos que estavam diante deles. Na outra, seguravam um lápis entre os dentes, o que obrigava o rosto a formar um sorriso involuntário. O resultado? Tanto aqueles que copiaram o sorriso das fotos quanto os que sorriram mecanicamente relataram um aumento nos níveis de felicidade, medidos logo depois.

Isso confirma uma ideia que os cientistas chamam de *hipótese do feedback facial* – a noção de que as expressões não são apenas um reflexo do que sentimos, mas também influenciam *como nos sentimos.*

O cérebro recebe sinais do corpo o tempo todo. Se você sorri, mesmo sem motivo, ele interpreta essa expressão como um indicativo de alegria e ajusta a química interna para acompanhar o que o corpo está expressando. É como se o rosto enviasse uma mensagem para a mente: "Está tudo bem, pode ficar feliz agora".

Esse mecanismo explica, por outro lado, por que franzir a testa ou adotar expressões de desânimo pode, sem que a gente perceba, amplificar sentimentos negativos. Ou seja, podemos condicionar as emoções por meio da postura e das expressões faciais.

26 FORÇAR sorriso pode melhorar a saúde emocional, afirma estudo. **Zero Hora**, 31 out. 2022. Disponível em: https://gauchazh.clicrbs.com.br/saude/noticia/2022/10/forcar-sorriso-pode-melhorar-a-saude-emocional-afirma-estudo-cl9w29hik008n014umni63q22.html. Acesso em: 27 jun. 2025.

Em outras palavras, o corpo não apenas revela nosso estado emocional como também molda como vamos nos sentir. Então, da próxima vez que sentir o humor ruim, talvez o primeiro passo para mudar isso seja algo bem simples: sorria!

LÍDER DE CORPO INTEIRO

Se há algo que aprendi ao longo de minha jornada como líder político, é que a comunicação começa antes mesmo de a primeira palavra ser dita. Meu corpo fala antes de minha voz, e foi assim que transformei timidez em presença, insegurança em liderança, silêncio em impacto.

Por muito tempo, como já contei aqui, evitei qualquer situação que exigisse falar em público. Eu era aquele garoto que suava frio só de pensar em apresentar um trabalho na escola, lembra? Mas a vida me colocou em posições nas quais a comunicação era necessária e decisiva.

Quando me tornei prefeito de Balneário Camboriú, percebi que não bastava ter boas ideias, não bastava implementar políticas públicas eficazes. Eu precisava conquistar as pessoas, inspirá-las, fazer com que acreditassem na visão que eu trazia para a cidade. Para isso, não bastava apenas dizer as palavras certas, era essencial que fossem sentidas por toda a população.

Com o tempo, entendi que, se a comunicação começa antes mesmo de abrirmos a boca, o modo como eu entrava em um ambiente, minha postura diante de uma plateia, os gestos que usava, meu olhar, tudo isso comunicava muitas coisas. Se meu corpo demonstrasse confiança, as pessoas confiariam. Se minha presença transmitisse liderança, as pessoas me seguiriam.

Foi assim que desenvolvi um ritual de preparação antes de cada discurso e de cada decisão importante. Até hoje faço assim: fecho os olhos e visualizo o público. Aliás, não apenas vejo as pessoas, mas tento sentir a energia do grupo. Imagino a receptividade, me coloco no lugar delas e me permito sentir o merecimento de estar ali.

Dessa maneira, aprendi a me comunicar como prefeito, depois de vencer a timidez da infância e juventude. E foi graças a essa mudança que pude falar em Genebra, na ONU.

Quando fui convidado para palestrar na Suíça, sabia que não falaria para um público comum. Ali estavam líderes de diversas partes do mundo, pessoas que tomam decisões que impactam milhões de vidas. Não era mais um simples discurso, era um momento que poderia mudar a percepção deles sobre o trabalho que fazíamos em Balneário Camboriú. Além da barreira cultural, havia a barreira do idioma. Minha fala seria traduzida para diversas línguas, o que significava que muitos não ouviriam minha voz diretamente. Mas eu sabia que todos estariam me vendo pela transmissão em vídeo.

SE VOCÊ NÃO CONTROLA O CORPO, O CORPO VAI CONTROLAR VOCÊ. SE SUA POSTURA NÃO DEMONSTRA SEGURANÇA, NINGUÉM VAI CONFIAR EM VOCÊ. SE SEUS GESTOS NÃO COMUNICAM SUA VERDADE, SUA FALA SERÁ VAZIA.

Ali compreendi, na prática, o que significa a comunicação não verbal. O desafio era fazer com que até quem não entendia minha língua pudesse “sentir” minha mensagem por meio do modo como eu ocupava o espaço, da cadência de meus gestos, de meu tom de voz, do brilho em meus olhos.

Antes de subir ao palco, fiz o mesmo ritual de sempre. Fechei os olhos, respirei fundo e me abasteci da alma de minha cidade. Lembrei do que Balneário Camboriú representa, de como crescemos, de como enfrentamos com coragem, acolhimento e amor os problemas como a pandemia, a depressão de muitas pessoas e os altos índices de suicídio.

Eu não estava ali apenas para despejar um monte de dados ou apresentar estatísticas vazias, mas para transmitir uma verdade, para fazer aquelas pessoas sentirem o que significa governar uma cidade como a minha.

Quando terminei minha fala, entendi que eu tinha conseguido. Fui aplaudido, sim, mas o especial foi perceber que sentiram minha mensagem, aquela que transmiti com meu corpo e minha alma. O resultado foi tão positivo que algumas instituições ligadas à ONU vieram a Balneário Camboriú logo depois para conhecer de perto nosso trabalho.

Esse episódio me provou, de uma vez por todas, que a comunicação eficaz não está apenas no conteúdo, mas na maneira como o corpo transmite esse conteúdo. Informação qualquer um pode ter e despejar nos mais diversos canais. Mas fazer as pessoas sentirem, viverem e se conectarem com sua mensagem exige algo a mais.

Hoje, antes de qualquer discurso, palestra ou encontro importante, eu me lembro de que minha presença precisa falar mais alto, e antes das minhas palavras.

Esta é uma das mais importantes lições que gostaria que você, leitor, absorvesse: se você não controla o corpo, o corpo vai controlar você. Se sua postura não demonstra segurança, ninguém vai confiar em você. Se seus gestos não comunicam sua verdade, sua fala será vazia.

No fim das contas, liderança tem a ver com o que se diz e como se é percebido.

O PODER DE ESCOLHER COMO NOS SENTIMOS

Se podemos modificar as emoções por meio da postura, isso significa que podemos usar essa ferramenta para nos fortalecer em momentos de incerteza ou desafio. Algumas práticas simples podem ajudar a treinar essa habilidade no dia a dia:

- Adote uma postura de poder: antes de uma reunião importante, uma apresentação ou qualquer situação que gere ansiedade, fique por dois minutos em uma posição aberta, com os pés firmes no chão e os ombros erguidos. Essa prática aumenta a confiança e reduz a ansiedade.
- Preste atenção na respiração: o modo como respiramos influencia o nível de estresse. Respirar lenta e profundamente ajuda a estabelecer uma sensação de calma e equilíbrio.

- Sorria, mesmo sem motivo: como mostrou o experimento do lápis na boca, a simples ação de sorrir pode ativar neurotransmissores ligados à felicidade. Faça isso sempre!
- Mantenha contato visual e gestos firmes: uma comunicação corporal mais efetiva gera impacto positivo tanto para quem a pratica quanto para quem a observa. Não se encolha, expanda-se.
- Utilize o toque como forma de conexão: um aperto de mão firme, um abraço genuíno ou um gesto de afeto fortalecem os vínculos humanos e melhoram o bem-estar.

A comunicação não verbal é um recurso poderoso para fortalecer a confiança, gerar conexão e influenciar o estado emocional. É uma escolha nossa nos comunicarmos de forma a inspirar força, acolhimento e segurança – tanto para os outros quanto para nós mesmos.

Se quisermos ser imparáveis, precisamos começar dominando o modo como nos apresentamos ao mundo, porque o que comunicamos está nas palavras, na maneira como existimos nos espaços, em nossa casa, no trabalho e na cidade. E essa existência começa pelo corpo, pelo tom de voz, pela maneira como caminhamos, respiramos e olhamos nos olhos de quem nos cerca.

Não se esqueça: a transformação externa começa do lado de dentro. E ela pode começar agora. O próximo passo é assumir a autorresponsabilidade de promover essa mudança.

NO FIM DAS CONTAS, LIDERANÇA TEM A VER COM O QUE SE DIZ E COMO SE É PERCEBIDO

Planeje o excelente, governe o possível e entregue o inimaginável

@FABRICIOOLIVEIRABC

CAPÍTULO 6

AUTORRESPONSABILIDADE: VOCÊ É DONO DE SEU DESTINO

Há muito tempo, um homem muito rico estava prestes a partir em uma longa viagem. Antes de sair, porém, ele chamou três de seus servos e deu a eles uma quantia em dinheiro, na época chamado de talento. Mas ele não distribuiu igualmente: ao primeiro servo, entregou cinco talentos; ao segundo, dois talentos; e, ao terceiro, apenas um talento.

Sem explicar claramente o motivo das escolhas, o homem disse apenas: "Cuidem bem disso. Quando eu voltar, deverão me prestar contas".

Os dois primeiros empregados nem pestanejaram. Sabiam que aquele dinheiro precisava ser bem utilizado. O primeiro pegou os cinco talentos, negociou, investiu e os dobrou, ficando com dez talentos no total. O segundo fez a mesma coisa. Com habilidade e dedicação, transformou os dois talentos em quatro.

Mas o terceiro... decidiu agir diferente. Olhou para a moeda nas próprias mãos, lembrou que o patrão era muito exigente, ficou com medo de perder o pouco que tinha recebido, e decidiu não correr riscos. Então, cavou um buraco e enterrou o único talento que tinha na terra. Lá, ninguém poderia roubá-lo. Lá, nada poderia acontecer.

Depois de um tempo, o senhor retorna e chama os três empregados para acertar as contas.

O primeiro, cheio de orgulho, entrega os dez talentos e diz: "Meu senhor, eu multipliquei o que me foi confiado!". O segundo também, radiante, mostra os quatro talentos que tinha conseguido. O patrão, satisfeito, responde: "Muito bem, servos bons e fiéis! Porque foram responsáveis com o pouco que lhes confiei, agora lhes darei muito mais". Mas, quando chega a vez do terceiro servo, a história muda: "Senhor, eu sabia que o senhor é um homem rigoroso. Fiquei com medo de perder esse talento e, por isso, o escondi na terra. Aqui está, devolvo exatamente o que me deu". O patrão franziu a testa e respondeu com dureza: "Servo mau e negligente! Se sabia que sou um homem exigente, por que não fez pelo menos o mínimo? Poderia ter entregado o dinheiro aos banqueiros para render juros! Agora, tirem dele o talento e deem ao que tem dez".

Essa não é apenas uma história sobre dinheiro. É uma das parábolas mais poderosas contadas por Jesus, registrada em Mateus 25:14-30. Ela nos ensina sobre *autorresponsabilidade*.

Cada um de nós recebe algo na vida, sejam talentos, oportunidades, tempo ou recursos. Mas o que realmente faz diferença não é a quantidade do que recebemos, e sim o que escolhemos fazer com aquilo. Algumas pessoas multiplicam o que têm porque *agem*. Outras enterram as próprias chances porque deixam o medo e a insegurança dominarem as decisões.

A verdade é que quem assume a responsabilidade pelo que tem cresce. Quem se esconde atrás de desculpas perde até o que já conquistou.

Neste capítulo, vamos falar disso. De como tomar posse da própria vida, parar de esperar que alguém resolva seus problemas e finalmente virar o dono do próprio destino para se tornar imparável. E a primeira grande pergunta que você precisa se responder é: o que estou fazendo com os talentos que recebi?

QUEM ASSUME A RESPONSABILIDADE PELO QUE TEM CRESCE. QUEM SE ESCONDE ATRÁS DE DESCULPAS PERDE ATÉ O QUE JÁ CONQUISTOU.

Planeje o excelente, governe o possível e entregue o inimaginável

@FABRICIOOLIVEIRABC

O QUE É AUTORRESPONSABILIDADE?

Muitas pessoas vivem como se fossem reféns do destino, acreditando que as próprias circunstâncias são imutáveis, que a felicidade depende dos outros ou que o sucesso está exclusivamente atrelado a fatores externos. No entanto, existe uma verdade que elas ignoram: cada um é responsável pelos próprios resultados.

A autorresponsabilidade é o ato de assumir para si as consequências das próprias escolhas, entendendo que a vida é fruto das decisões que tomamos – ou da falta delas. Como bem define o já citado Paulo Vieira, um dos grandes estudiosos desse tema, autorresponsabilidade significa abandonar o papel de vítima e compreender que aquilo que cabe a nós fazermos, nós temos que fazer.[27]

Muitas pessoas geralmente passam anos esperando algo externo resolver as próprias insatisfações. Culpam a falta de oportunidades, o governo, a economia, o chefe, o cônjuge, a família, até a falta de sorte. Mas a verdade é que cada um de nós tem um papel ativo em todas as áreas da vida.

Se estamos infelizes em um relacionamento, é preciso lembrar que fomos nós que escolhemos essa relação. Se estamos insatisfeitos com o trabalho, fomos nós que decidimos permanecer nele. Se não estamos alcançando objetivos, fomos nós que deixamos de agir na direção certa.

AS ARMADILHAS DA VITIMIZAÇÃO: QUANDO A CULPA NUNCA É SUA

Vamos ser sinceros, é muito mais fácil colocar a culpa nos outros, não é? É mais confortável pensar que não conseguimos crescer porque o país está em crise, porque ninguém nos ajuda, porque o chefe não reconhece nosso valor ou porque "a vida não colabora". Ou até por causa da clássica "não tenho sorte na vida"!

27 VIEIRA, P. *op. cit.*

Esta é a primeira grande armadilha: a vitimização. Ela chega devagar, sorrateira, como um consolo para a frustração. E, de repente, você já está dizendo coisas do tipo: "Ninguém me dá oportunidade", "Com essa crise, meu negócio não vai dar certo", "Se eu tivesse nascido em uma família rica, tudo seria diferente", "Não consigo fazer exercício físico porque não tenho tempo", "Eu era feliz, até que [*nome da pessoa que você responsabiliza pelo seu fracasso*] acabou com tudo". Perceba uma coisa: quando a culpa está sempre do lado de fora, a solução também escapa de seu controle. E é aí que mora o perigo.

Segundo o psicólogo Martin Seligman, pai da Psicologia Positiva, pessoas que desenvolvem um padrão de vitimização costumam ter o que ele chama de "estilo explicativo pessimista", ou seja, interpretam os eventos negativos como se fossem permanentes, pessoais e abrangentes.[28] Essas pessoas costumam dizer que "isso sempre acontece comigo, é culpa minha (no sentido de impotência)". Esse tipo de mentalidade mina a autoestima, drena a energia e paralisa a ação.

Muitas vezes – talvez, na maior parte – o vitimismo não é só culpa. É uma *desculpa* construída para a pessoa ficar onde está. Dá menos trabalho não fazer nada, não se responsabilizar pelas próprias decisões. É melhor ficar esperando algo acontecer...

A pessoa diz que está infeliz no emprego, mas não atualiza o currículo, não estuda algo novo, não busca outras opções. Diz que o relacionamento está ruim, mas não chama o parceiro ou parceira para uma conversa, não propõe mudanças, não se posiciona. Fala que quer prosperar, mas não aceita correr o mínimo risco e, quando nada dá certo, coloca a culpa em algo externo, da política ao clima!

E, quando confrontada, essa pessoa que se coloca na vida como vítima diz com algo como: "Mas também não tem o que fazer, né?".

Tem, sim. Sempre tem. E o primeiro passo é reconhecer que a responsabilidade é sua, ainda que as circunstâncias não sejam as ideais.

28 BASTIANELLO, M. R.; HUTZ, C. S. Do otimismo explicativo ao disposicional: a perspectiva da Psicologia Positiva. **Psico-USF**, v. 20, n. 2, maio-ago. 2015. Disponível em: https://doi.org/10.1590/141382712015200205. Acesso em: 26 ago. 2025.

No final das contas, o vitimismo traz uma falsa sensação de proteção. Quem faz sempre o papel de vítima alcança uma espécie de recompensa emocional momentânea. Ganha a empatia dos outros, recebe atenção e se dá ao luxo de não agir. Porém isso tem um custo: liberdade e autonomia pessoal.

Quando você vive no papel de vítima, terceiriza a chave de sua vida. Espera que alguém a devolva quando, na verdade, ela sempre esteve em seu bolso.

Como disse Paulo Vieira, "estar onde está é muito salutar, afinal, se foi você quem se colocou na situação atual, por pior que seja ou esteja, você foi o timoneiro de sua vida, foi o responsável, o condutor do destino. Como condutor, como timoneiro, você obteve resultados, e não fracassos. Dentro dessa perspectiva, se está insatisfeito com os resultados obtidos, basta reconhecer que suas escolhas e caminhos não têm sido satisfatórios e, então, direcioná-los de maneira autorresponsável, objetiva e consciente, pois nada é coincidência. O que você está vivendo não são fatalidades do destino e você não é vítima de ninguém nem das circunstâncias".[29]

É MUITO IMPORTANTE ENTENDER QUE ASSUMIR RESPONSABILIDADE NÃO É CARREGAR CULPA ALGUMA. A CULPA PARALISA, ENQUANTO A RESPONSABILIDADE EMPODERA. A CULPA FAZ VOCÊ SE AFUNDAR, JÁ A RESPONSABILIDADE FAZ VOCÊ SE LEVANTAR E FAZER ALGO DIFERENTE.

Outra armadilha disfarçada de autenticidade é a famosa frase: "Eu sou assim mesmo". Dita como escudo, muitas vezes esconde resistência à mudança. Ninguém nasce pronto. "Ser assim" não é sentença. É uma escolha. E tudo o que é escolhido pode ser transformado.

29 VIEIRA, P. *op. cit.* p. 68.

É muito importante entender que assumir responsabilidade não é carregar culpa alguma. A culpa paralisa, enquanto a responsabilidade empodera. A culpa faz você se afundar, já a responsabilidade faz você se levantar e fazer algo diferente.

A autorresponsabilidade é o fim da ilusão confortável e o começo da liberdade real. Enquanto você acreditar que sua vida depende de alguém ou de algo externo, continuará refém de algo que nem sabe o que é. Mas quando você entende que a vida é feita de decisões – as suas decisões –, tudo muda.

A pergunta que fica agora é: em que área da vida você tem se colocado como vítima e precisa assumir o papel de protagonista?

O PODER DA ESCOLHA

Tudo o que temos hoje é resultado de escolhas passadas. E tudo o que teremos amanhã será resultado das escolhas que fazemos hoje. Isso se aplica a todas as áreas da vida:

- **Saúde:** uma pessoa que se alimenta mal e não pratica exercícios não pode atribuir a falta de energia ou as doenças apenas ao acaso.
- **Carreira:** o nível de conhecimento e habilidade que alguém adquire é proporcional ao tempo e esforço dedicados ao aprendizado e à prática.
- **Relacionamentos:** bons relacionamentos não acontecem por acaso. Eles são construídos com lealdade, tempo e disposição para cultivar laços verdadeiros.

Para mudar a realidade, é preciso mudar as escolhas. O problema é que muitas vezes as pessoas transferem essa responsabilidade para fatores externos, esquecendo que tudo começa internamente.

Enquanto estivermos justificando os fracassos, em vez de assumir a responsabilidade por eles, ficaremos presos no mesmo lugar. A Bíblia nos oferece um exemplo claro dessa dinâmica na história de Davi e Saul.

Davi, mesmo sendo conhecido como “o homem segundo o coração de Deus”, cometeu erros graves. Ele matou, foi infiel e falhou de diversas maneiras. Mas, quando confrontado pelos profetas, reconhecia os próprios erros, pedia perdão, enfrentava as consequências e seguia em frente. Já Saul, que havia cometido erros menores, preferia se justificar. Em vez de admitir as falhas, ele criava desculpas para manter sua posição e orgulho, e isso o levou à ruína.

Essa história mostra de forma alegórica que errar não é o problema, o verdadeiro problema é não assumir a responsabilidade pelos erros e tentar transferi-los para os outros. A mudança só acontece quando encaramos nossas falhas e tomamos medidas concretas para corrigi-las.

A autorresponsabilidade também se estende aos relacionamentos construídos ao longo da vida. Uma pessoa pode reclamar de traições, decepções e deslealdades, mas não percebe que, muitas vezes, deposita confiança em quem não está preparado para recebê-la. Se contamos um segredo valioso para alguém que não tem compromisso em guardá-lo e ele é exposto, por exemplo, a culpa não é apenas da pessoa que revelou, mas também nossa, por ter confiado em alguém que não estava pronto para esse nível de responsabilidade.

Essa compreensão nos leva a perceber que existem três níveis de relacionamento, e que cada um exige um nível diferente de confiança e entrega:

- **Relações íntimas:** construídas com base na lealdade, no tempo compartilhado, na liberdade de sermos nós mesmos e na sinceridade mútua. São os amigos verdadeiros, que nos apoiam, mas também nos corrigem quando necessário.
- **Relações estratégicas:** mantidas por interesses específicos – sociais, profissionais, econômicos. São importantes, mas não necessariamente envolvem laços profundos de confiança.
- **Relações necessárias:** aquelas que precisamos manter por obrigação ou conveniência, como colegas de trabalho, familiares por afinidade ou conexões políticas. Não escolhemos essas relações, mas precisamos aprender a lidar com elas.

Ao entendermos esses níveis, evitamos frustrações desnecessárias e aprendemos a administrar melhor nossas relações. Um erro comum é esperar lealdade de quem está apenas em um vínculo estratégico ou necessário, gerando decepções evitáveis.

AS 6 LEIS DA AUTORRESPONSABILIDADE

Assumir o controle da própria vida pode parecer abstrato. Mas Paulo Vieira transformou esse conceito em ação prática. Ele propõe seis leis simples e diretas que servem como um verdadeiro manual para quem deseja sair da estagnação e construir uma vida com propósito, direção e resultado.

Essas leis são como espelhos. Escancaram comportamentos que a gente normaliza, mas que nos mantêm presos no mesmo lugar. São elas:

1. SE FOR PARA CRITICAR OS OUTROS, CALE-SE.

Essa lei nos convida a olhar para dentro. A crítica excessiva ao outro geralmente é um reflexo de nossas próprias frustrações. Quando estamos bem resolvidos conosco, não perdemos tempo apontando defeitos alheios.

Se você vê alguém cometendo um erro no trabalho, automaticamente sente o impulso de comentar com um colega. Em vez disso, respire fundo e pense: "O que isso está revelando sobre mim?", "Como posso ser parte da solução em vez de espalhar o problema?". A crítica destrutiva nos afasta da solução. O silêncio consciente nos aproxima da maturidade.

2. SE FOR PARA RECLAMAR, PREFIRA DAR UMA SUGESTÃO.

Reclamar é fácil, mas resolver exige esforço. Toda vez que você se pega reclamando de algo, seja do trânsito, da empresa, do atendimento ou até da vida, pare e se pergunte: "Qual sugestão eu poderia dar?", "O que está ao meu alcance agora?".

Como exemplo, em vez de reclamar do atraso da reunião, você pode dizer: "Será que a gente poderia tentar começar com mais pontualidade na próxima vez?". A sugestão substitui a reclamação com uma atitude proativa.

3. SE FOR PARA BUSCAR CULPADOS, PREFIRA BUSCAR A SOLUÇÃO.

Essa é uma virada de chave poderosa: não importa de quem seja a culpa, importa apenas o que você vai fazer com o que aconteceu. Buscar culpados não resolve o problema. Buscar soluções, sim.

Imagine, por exemplo, que algo deu errado em um projeto. Em vez de gastar energia procurando o "responsável", reúna a equipe e pergunte: "Como podemos resolver isso e evitar que se repita?".

O foco na solução constrói. O foco no culpado paralisa.

4. SE FOR PARA SE FAZER DE VÍTIMA, ESCOLHA SE TORNAR VENCEDOR.

O mundo já está cheio de gente reclamando da vida. Você não precisa ser mais uma. Assuma uma postura de quem aprende com os tombos e se levanta mais forte.

Talvez você já tenha perdido um cliente ou uma promoção importante. Em vez de afundar no sentimento de injustiça, reflita: "O que posso aprender com isso?", "O que posso ajustar para não acontecer isso de novo?".

Quem se faz de vítima atrai pena. Quem se faz de vencedor atrai respeito.

5. SE FOR PARA JUSTIFICAR SEUS ERROS, PREFIRA APRENDER COM ELES.

A autorresponsabilidade não espera perfeição. Ela espera evolução. Errar é humano, mas justificar o erro sem aprender com ele é se apegar ao passado em vez de construir o futuro.

Exemplo: você perdeu o prazo para entregar algum projeto ou relatório. Em vez de dizer "É que a semana foi corrida", diga: "Errei na organização do meu tempo. Vou planejar melhor da próxima vez".

Quem aprende com os erros, cresce. Quem justifica, os repete.

6. SE FOR PARA JULGAR ALGUÉM, JULGUE A ATITUDE, NÃO A PESSOA.

Existe uma grande diferença entre dizer "fulano é irresponsável" e dizer "fulano teve uma atitude irresponsável nesse caso". Julgar a pessoa a rotula para sempre. Julgar a atitude esclarece e abre caminho para o diálogo.

Se alguém da equipe errou, em vez de dizer: "Você é muito desorganizado", diga: "Essa atitude foi desorganizada, e precisamos ajustar isso juntos".

Julgar atitudes corrige. Julgar pessoas afasta.

Essas leis são um padrão de comportamento para quem quer parar de sobreviver e começar a viver com intencionalidade.

Você não precisa colocar todas em prática de uma vez. Se conseguir aplicar uma por dia, com consciência, verá mudanças reais acontecendo em várias áreas da vida: no modo como se comunica, na maneira como resolve problemas e como se enxerga diante da vida.

Ser autorresponsável é parar de esperar. É começar a agir. É fazer o que precisa ser feito mesmo que ninguém esteja olhando.

PEQUENAS ATITUDES, GRANDES MUDANÇAS

Depois de conhecer as seis leis da autorresponsabilidade, talvez você esteja se perguntando: "Certo, entendi o conceito. Mas como aplico isso no dia a dia?".

Você não precisa fazer uma revolução imediata em sua vida. Autorresponsabilidade começa nas pequenas escolhas. É no detalhe da rotina, no jeito como você responde a uma crítica, no modo como lida com imprevistos, no que decide fazer com o que tem e não com o que gostaria de ter. Ser autorresponsável não é ser perfeito. É estar desperto. É perceber que, todos os dias, você tem a chance de agir diferente.

Separei alguns exemplos práticos para ajudar você com essa tarefa.

SER AUTORRES-
PONSÁVEL NÃO É
SER PERFEITO.
É ESTAR DESPERTO. É
PERCEBER QUE,
TODOS OS DIAS,
VOCÊ TEM A CHANCE
DE AGIR DIFERENTE.

Planeje o excelente, governe o possível e entregue o inimaginável

@FABRICIOOLIVEIRA3C

GESTÃO DO TEMPO

Você vive dizendo que está sem tempo para cuidar de si? Troque "Não tenho tempo" por "Isso não é prioridade para mim agora".

Pode doer, mas essa simples troca de palavras revela onde está sua responsabilidade. Se algo é importante, você precisa criar espaço para aquilo. Mesmo que seja aos poucos.

COMUNICAÇÃO NO TRABALHO

Se algo o incomoda em alguém, converse com clareza e respeito com a pessoa. Não fique esperando que o outro "adivinhe" ou que o ambiente mude milagrosamente. Postura autorresponsável é aquela que dialoga, propõe e se posiciona sem agressividade e com firmeza.

RECLAMAÇÕES DO DIA A DIA

Você se pegou reclamando de algo pela terceira vez na mesma semana? Pergunte-se: "O que já fiz ativamente para melhorar isso?". Se a resposta for "nada", comece a fazer alguma coisa. Pode ser um pequeno passo, uma conversa ou um pedido.

PENSAMENTO SABOTADOR

Já pensou algo do tipo "isso não é pra mim", "nunca vou conseguir" ou "fulano tem sorte"? Volte, respire e reformule as frases: "Eu ainda não sei como fazer, mas estou aprendendo". Ser autorresponsável é cuidar até do modo como fala consigo mesmo.

RELACIONAMENTOS

Está esperando que o outro mude para então se sentir melhor? Pense: *O que depende de mim para transformar essa relação?* Às vezes é uma conversa honesta, outras vezes é um limite claro, e, em alguns casos, é a coragem de se afastar.

SAÚDE E BEM-ESTAR

Você sabe o que precisa fazer para se sentir melhor fisicamente. Talvez não consiga aplicar tudo agora, mas pode começar com uma coisa simples:

beber mais água, andar dez minutos todo dia, ir dormir um pouco mais cedo. Autorresponsabilidade também mora no cuidado com o corpo que te carrega!

A vida só vai mudar mesmo quando você mudar decisões diárias. Não espere um momento grandioso para começar. Comece agora. Ser autorresponsável não significa controlar tudo, mas agir com consciência dentro do que está ao seu alcance todos os dias.

Acredite: pequenas atitudes consistentes transformam destinos inteiros. Elas constroem aquele tipo de pessoa que, quando olha para trás, pode dizer com firmeza: "Eu fui um agente ativo de minha própria história".

TOMANDO AS RÉDEAS DA PRÓPRIA VIDA

"Não há vento favorável para quem não sabe aonde quer chegar." Essa frase, atribuída a Sêneca, nos lembra que de nada adianta reclamar do rumo se a gente não está segurando o leme. Viver sem autorresponsabilidade é como deixar o próprio barco à deriva esperando que alguém venha remar por você. A verdade é que ninguém vai viver sua vida por você. Ninguém vai fazer as escolhas que só você pode fazer. Ninguém vai carregar os pesos que você se recusa a encarar. E, sobretudo, ninguém vai te tirar do lugar em que você insiste em permanecer.

Por isso, tomar as rédeas da própria vida é um ato de coragem. É reconhecer que, por mais que o passado tenha deixado marcas e as circunstâncias nem sempre sejam favoráveis, você ainda pode escolher o que fazer com tudo isso. Pode se levantar. Pode recomeçar. Pode mudar a direção. Você não é o que te aconteceu, mas o que decide fazer com isso.

A partir do momento que assume esse papel de protagonista, a vida muda. Os problemas não vão desaparecer, mas você vai parar de fugir deles. E começar a enfrentá-los com dignidade, responsabilidade e propósito.

Ser imparável não significa não cair, significa não permanecer caído. É saber que há um tempo de dor, mas também um tempo de ação. E que, se você não quiser viver repetindo os mesmos resultados, terá que tomar

VOCÊ NÃO É O QUE TE ACONTECEU, MAS O QUE DECIDE FAZER COM ISSO.

Planeje o excelente, governe o possível e entregue o inimaginável

@FABRICIOOLIVEIRABC

decisões novas. Porque, no final, o que separa pessoas realizadas das que se sentem constantemente frustradas não é a sorte, o destino ou os outros. É o modo como cada uma escolhe viver.

CHECKLIST DA AUTORRESPONSABILIDADE: 10 PRÁTICAS PARA APLICAR AGORA MESMO

Use esta lista como um espelho e uma bússola. Leia com sinceridade e escolha por onde começar:

- ☐ Pare de reclamar e comece a sugerir soluções.
- ☐ Identifique uma área de sua vida em que você está se vitimizando.
- ☐ Assuma seus erros sem se justificar e aprenda com eles.
- ☐ Evite críticas vazias: se não for ajudar, escolha o silêncio.
- ☐ Faça uma lista de decisões que você está adiando e escolha uma para resolver ainda esta semana.
- ☐ Observe como você fala sobre si mesmo. Troque autocrítica por autorresponsabilidade.
- ☐ Agradeça mais. A gratidão tira o foco da falta e nos coloca em movimento.
- ☐ Tenha clareza do que quer. Quem não sabe o que quer terceiriza o rumo.
- ☐ Pare de esperar que reconheçam seu valor. Faça seu melhor porque é o certo.
- ☐ Lembre-se todos os dias: ninguém vai remar por você. O leme está em suas mãos.

CAPÍTULO 7

O PODER DA VULNERABILIDADE

Durante muitos anos, achei que minha dificuldade de falar em público fosse um obstáculo intransponível. Achava que isso fazia parte de quem eu era. E, como tantas pessoas que vivem presas a uma imagem construída na infância, acreditei por muito tempo que timidez era um traço definitivo de minha personalidade, algo com o qual eu teria que conviver para sempre, como quem aprende a viver com uma dor crônica.

O que eu não sabia é que aquela limitação era, na verdade, uma porta. E que bastava aceitar atravessá-la para chegar ao outro lado, e então acessar um lugar bem diferente do que eu conhecia.

Sim, eu tinha medo. Medo de ser julgado, de não conseguir me expressar direito, de parecer fraco. E quanto mais eu lutava para esconder essa vulnerabilidade, mais ela me paralisava. A fala travava. As mãos suavam. O pensamento acelerava, e minha boca silenciava.

É curioso olhar para trás e perceber que justamente aquilo que mais me intimidava – o ato de falar – hoje é um dos pilares de meu propósito de vida e de meu trabalho, seja como mentor ou como pessoa pública. Mas essa virada não aconteceu de um dia para o outro, começou com um gesto simples, mas profundamente transformador: aceitar o que eu achava que era minha fraqueza.

Aceitar é reconhecer. Dar nome para aquilo que a gente sente e que está doendo. Dizer com todas as letras, mesmo que apenas para si mesmo, que tem medo da exposição. Que sente vergonha e que precisa de ajuda. Essa foi a grande chave da virada.

Quando negamos a dor, ela nos domina. Mas quando a acolhemos com honestidade, ela começa a se dissolver. Foi só quando deixei de lutar contra o que eu era e passei a olhar com ternura para a criança tímida que ainda vivia em mim que comecei a me libertar. E pela primeira vez percebi que minha voz não estava silenciada: estava escondida atrás de minhas defesas.

Eu sei que, para muita gente, o conceito de vulnerabilidade ainda parece contraditório. Vivemos em um mundo que nos ensina a parecer fortes, a dar conta de tudo, a manter a imagem impecável – principalmente para quem está na posição de líder de qualquer natureza, de uma família, uma empresa ou uma cidade. Desde cedo, somos treinados a não demonstrar fragilidade. Todos já ouvimos frases como "Engula o choro", "Seja forte". E aí crescemos acreditando que mostrar emoção é sinal de fraqueza. Mas aprendi que a verdadeira força começa no momento em que nos permitimos ser vistos como somos, sem máscara, sem armadura e sem medo.

Aceitar a timidez não me tornou menor. Pelo contrário, me tornou mais humano. E foi exatamente aí que a transformação começou. Hoje, diante de uma plateia (seja em uma palestra, evento político ou mesmo em uma conversa mais íntima com mais pessoas em volta), quando conto que fui tímido a infância inteira, que passei boa parte da juventude sem nem conseguir levantar a mão numa sala de aula, a reação é sempre de surpresa, identificação e um silêncio respeitoso, como se aquela confissão abrisse espaço para que outras histórias também pudessem ser compartilhadas.

Quando digo que nunca apresentei um trabalho na escola ou na faculdade e que evitava ao máximo qualquer exposição, que tremia só com a ideia de falar em público, vejo as pessoas abrirem os olhos, fazerem que sim com a cabeça, suspirarem aliviadas. E então vem a pergunta: "E como você superou isso?". Esse é um momento bonito. Porque ali eu percebo que admitir vulnerabilidade é um exercício de coragem pessoal e, acima de tudo, um gesto de serviço ao outro. É uma maneira de dizer: "Ei, você não está sozinho. Isso também aconteceu comigo. E você pode mudar".

Foi quando comecei a contar essa parte de minha história, sem disfarces, que a conexão com as pessoas se tornou mais verdadeira. E percebi que havia ali o poder oculto de abrir portas para o mundo dos outros, justamente no momento que decidi abrir minhas feridas.

A psicóloga Brené Brown, uma importante pesquisadora do tema, escreveu algo que marcou profundamente minha trajetória: "Vulnerabilidade é ter coragem de agir quando não se pode controlar o resultado".[30] Foi ao ter coragem de agir, mesmo sabendo que eu podia falhar, e assumir que também tenho medos e enfrento dores, que me tornei realmente digno de confiança.

A primeira grande transformação em minha vida aconteceu não quando venci a timidez, mas quando a reconheci. Foi nesse momento que deixei de tratá-la como inimiga e comecei a encará-la como uma parte de minha história que precisava ser ouvida, acolhida e compreendida.

Esse reconhecimento, no entanto, não nasce apenas de uma autoconsciência silenciosa. Ele ganha força quando é compartilhado, primeiro com a gente mesmo, depois com pessoas de confiança. Falar sobre a dor impede que ela cresça. Nomear o que se sente abre espaço para algo novo nascer. E mais: criamos pontes com quem talvez esteja vivendo algo parecido, mas ainda não teve coragem de dizer em voz alta.

Hoje sei que reconhecer uma fraqueza me torna honesto. E a honestidade é um dos alicerces mais firmes da verdadeira transformação.

A VULNERABILIDADE CRIA LAÇOS

Permitir-se ser vulnerável tem um poder imenso de gerar conexão. Ao me permitir ser visto em minha fragilidade, abri espaço para que outras pessoas também se reconhecessem nas suas. Ao compartilhar minha dificuldade, ofereci, sem perceber, um caminho de cura para quem ainda não sabia por onde começar.

A vulnerabilidade engaja de um jeito que nenhuma performance perfeita é capaz de fazer. Isso porque, no fundo, todos buscamos a mesma coisa:

30 BROWN, B. **A coragem para liderar**: trabalho duro, conversas difíceis, corações plenos. Rio de Janeiro: BestSeller, 2019.

um lugar onde possamos ser quem realmente somos, sem medo de sermos rejeitados por isso. E quando nos deparamos com alguém que tem coragem de ser vulnerável, nos fortalecemos também. Foi nesse contexto que um versículo da Bíblia ganhou um novo sentido para mim: "Quando sou fraco, é que sou forte" (2 Coríntios 12:10).

Essa aparente contradição carrega uma sabedoria profunda. A força verdadeira não nasce da rigidez, e sim da entrega. Não vem do esforço de parecer invencível, e sim da humildade de reconhecer que existem áreas em nós que precisam ser vistas e tratadas. E que isso não diminui quem somos. Pelo contrário, nos humaniza.

"QUANDO SOU FRACO, É QUE SOU FORTE" (2 CORÍNTIOS 12:10).

Sempre tive talento para a música. Desde pequeno, era algo que fluía com naturalidade. Talvez, se tivesse seguido esse caminho, teria me destacado, inclusive. Mas o "falar em público" era o ponto de maior dor. Eu não tinha desenvoltura, não tinha coragem, apagava minha voz. E foi exatamente ali, onde havia sombra, que resolvi mergulhar.

Em vez de fugir daquilo que me envergonhava, resolvi encarar. Fui buscar ajuda, estudar, praticar, me expor aos poucos, um passo de cada vez. E, nesse mergulho desconfortável, encontrei algo muito maior do que uma habilidade técnica: clareza, propósito e profundidade.

A fraqueza, quando acolhida com verdade, tem o poder de se transformar em fortaleza. A dor, quando enfrentada com coragem, pode se tornar fonte de sabedoria. Escrevi certa vez uma frase que se encaixa perfeitamente aqui: "A grandeza da simplicidade alinha-se à filosofia de que a verdadeira sabedoria está na modéstia".

Ou seja, não precisamos saber tudo. Não precisamos estar sempre certos. Não precisamos carregar sozinhos os fardos da vida. Às vezes, tudo o que precisamos é admitir que não estamos bem e permitir que essa confissão nos abra caminhos que jamais imaginamos trilhar.

Pedir ajuda, afinal, não é sinal de fraqueza. É sinal de sabedoria.

A GRANDEZA DA SIMPLICIDADE ALINHA-SE À FILOSOFIA DE QUE A VERDADEIRA SABEDORIA ESTÁ NA MODÉSTIA.

Planeje o excelente, governe o possível e entregue o inimaginável

@FABRICIOOLIVEIRABC

A HUMILDADE COMO ALICERCE DO CRESCIMENTO

Pedir ajuda, reconhecer fragilidades, admitir que nem sempre damos conta, tudo isso, no fundo, é um ato de humildade. E, ao contrário do que muitos pensam, isso não nos diminui, mas nos engrandece.

Quando nos permitimos ser vulneráveis, abrimos mão da necessidade de parecer perfeitos. Isso nos coloca, inevitavelmente, em um lugar de humildade. Não aquela humildade distorcida, que foi ensinada por séculos como sinônimo de submissão ou apagamento, mas a verdadeira, aquela que nos reconecta com nossa humanidade.

Assumir que precisamos aprender, que ainda estamos em construção, que temos limites, é algo bom e necessário. Porque é nesse lugar, despido de vaidade, que a verdadeira transformação acontece.

Jesus, no Sermão da Montanha, declarou: "Bem-aventurados os pobres de espírito, pois deles é o Reino dos Céus" (Mateus 5:3). Essa é uma das frases mais potentes da Bíblia e, talvez, uma das mais mal-interpretadas. Não se trata de exaltação da miséria, mas da consciência. Daquele que não se considera superior a ninguém, que reconhece o valor do outro, que sabe que sempre há algo novo a aprender. É a humildade como abertura para o crescimento.

Hoje compreendo que a humildade não me rebaixa. Ela me ancora. E me ajuda a seguir firme mesmo quando o ego grita por reconhecimento, mesmo quando a insegurança quer mascarar tudo com arrogância. A grandeza da simplicidade se alinha à filosofia de que a verdadeira sabedoria está na modéstia.

A humildade, no fim das contas, é o solo fértil onde crescem as virtudes mais bonitas. É ela que sustenta a escuta verdadeira e o senso de justiça. É ela que abre espaço para o outro, que torna possível a conexão, que permite a empatia real. E se é verdade que a vulnerabilidade nos convida a ser mais humanos, a humildade é o que nos permite continuar nesse caminho com leveza, verdade e propósito.

A FORÇA INVISÍVEL DOS GRANDES LÍDERES

A crença de que, para ser respeitado, é preciso ser impenetrável ainda ronda o imaginário de muitas lideranças. Mostrar fraqueza? Jamais. Demonstrar dúvidas? Nunca. Abrir o coração? De jeito nenhum.

A verdade é que esse modelo de liderança distante e inatingível está ruindo. E não é porque o mundo ficou mais sensível, e sim porque finalmente estamos entendendo o que torna um líder verdadeiramente inspirador.

Bons líderes não são os que fingem ter todas as respostas, mas os que se permitem ser mais humanos, que se conectam com os liderados, que abrem espaço para o diálogo, para a escuta, para o erro e também para o recomeço. São os que compreendem que a confiança se constrói com verdade, e que a verdade só nasce onde existe coragem para se mostrar vulnerável. Ser vulnerável é uma estratégia poderosa de liderança, inclusive. E digo isso com conhecimento de causa.

Durante meu tempo como prefeito de Balneário Camboriú, enfrentei momentos desafiadores. E um dos mais difíceis foi durante a pandemia, como já disse aqui. Muitas vezes dormia pensando que poderia acordar com notícias ainda piores. A incerteza era generalizada. E, como líder, poderia ter escolhido o caminho da dureza: esconder meus medos, fingir segurança absoluta, impor ordens de cima para baixo. Mas escolhi outro caminho.

Eu fui honesto, admiti que também sentia medo, que não tinha todas as respostas, mas que estava pronto para agir, para que todos passássemos por aquele período com o mínimo de sequelas. Ao fazer isso, percebi que as pessoas se aproximaram, confiaram em mim e se engajaram no trabalho em conjunto.

A vulnerabilidade me permitiu criar laços genuínos com a equipe, com a população e com os funcionários da prefeitura.

Brené Brown, em suas pesquisas sobre liderança e cultura organizacional, verificou que os ambientes profissionais mais saudáveis são aqueles em que líderes dão espaço para conversas difíceis, admitem erros e demonstram empatia. Brown diz que os líderes precisam ser mais ousados e corajosos, e isso inclui se mostrarem vulneráveis – afinal, para ela, vulnerabilidade é sinônimo de coragem, e não o contrário. "Você não pode abraçar a coragem sem abraçar a vulnerabilidade. Abrace a dificuldade", disse ela no livro *A coragem para liderar: trabalho duro, conversas difíceis, corações plenos*.[31]

Quer alguns exemplos de grandes líderes que se mostraram vulneráveis em momentos difíceis e entraram para a história?

Steve Jobs, por trás de toda a genialidade e perfeccionismo, teve momentos de vulnerabilidade pública que o humanizaram. Em um dos discursos mais famosos dele,[32] falou abertamente sobre ter sido demitido da própria empresa que criou, sobre o diagnóstico de câncer, sobre o medo da morte, e tudo isso não o diminuiu diante do público. Pelo contrário, o aproximou ainda mais e fortaleceu a imagem dele.

Outro exemplo emblemático é o de Jacinda Ardern, ex-primeira-ministra da Nova Zelândia, que ganhou reconhecimento internacional pela competência e pelo modo de liderar com empatia e verdade. Em momentos de crise, ela chorou com o próprio povo, esteve presente nas dores coletivas, ouviu, abraçou. A vulnerabilidade foi a força dela, e o legado de liderança ficou marcado por isso.[33]

Até mesmo Jesus, que para mim é o maior líder que já existiu, ensinou sobre a beleza da vulnerabilidade. Ele chorou. Ele sentiu angústia. E mesmo assim – ou talvez por isso – inspirou e transformou gerações.

A liderança do presente e a do futuro é aquela que conecta antes de comandar, que ouve antes de ordenar, que reconhece as próprias falhas antes de apontar as dos outros. Se você lidera uma equipe, uma empresa, uma cidade ou uma família, saiba que, quanto mais se permitir ser visto como realmente é, mais espaço abrirá para que os outros façam o mesmo. Ambientes onde as pessoas podem ser quem são, sem medo, são ambientes onde a criatividade floresce, a colaboração cresce e a confiança se fortalece.

31 BROWN, B. *op. cit.*

32 DISCURSO Steve Jobs (legendado) completo. 2012. Vídeo (14min24s). Publicado pelo canal i3onlinebr. Disponível em: https://www.youtube.com/watch?app=desktop&v=45xrq0wpqv4&t=0s. Acesso em: 27 jun. 2025.

33 JACINDA Ardern choked back tears as she announced her resignation. 2023. Vídeo (54s). Publicado pelo canal 1News. Disponível em: https://www.youtube.com/watch?v=FrgoICK4q-I. Acesso em: 22 jun. 2025.

Não tenha medo de mostrar humanidade, porque, no fim das contas, é isso que vai te tornar um líder inesquecível.

QUANDO A VULNERABILIDADE VIRA LEGADO

Se eu pudesse resumir tudo o que aprendi sobre vulnerabilidade em uma única frase, seria esta: é no momento em que deixamos de nos proteger que começamos, de fato, a nos curar e a curar o mundo ao nosso redor.

A jornada que começou com uma dificuldade pessoal – minha extrema timidez, o medo de falar, a insegurança de me expor – se transformou, com o tempo, em ferramenta de conexão e serviço. E este é o grande poder da vulnerabilidade: quando acolhida com humildade e coragem, ela deixa de ser um fardo e se torna uma ponte. Uma ponte entre quem somos e quem podemos ser. Entre o eu e o outro. Entre o trauma e o propósito.

O que antes era um ponto cego de minha história, hoje é um ponto de luz, um farol. Porque, ao falar abertamente daquilo que me travava, descobri que minha experiência podia ser útil a outras pessoas. E assim minha fraqueza se converteu em força. Meu medo virou missão.

O propósito, afinal, não nasce apenas daquilo que fazemos bem. Muitas vezes nasce justamente daquilo que mais nos doeu. Das feridas que decidimos tratar e, depois, dividir. Porque é dividindo a dor que multiplicamos esperança. É compartilhando o caminho que encorajamos os outros a darem o primeiro passo.

A grande virada é perceber que não precisamos estar prontos para começar a ajudar. Precisamos apenas estar disponíveis e sermos autênticos. Quando nos colocamos assim diante da vida, sem máscaras, sem armaduras e sem medo de dizer "eu também sinto", algo muda. Muda dentro da gente e ao nosso redor.

Ser vulnerável não é perder o controle. É escolher confiar e não desmoronar diante dos problemas. É desarmar-se. E, ao fazer isso, encontramos um lugar tão verdadeiramente profundo que é impossível não tocar os outros a partir dali.

O QUE ANTES ERA UM PONTO CEGO DE MINHA HISTÓRIA, HOJE É UM PONTO DE LUZ, UM FAROL.

Planeje o excelente, governe o possível e entregue o inimaginável

@FABRICIOOLIVEIRABC

Hoje, olho para trás e entendo que cada momento de silêncio que vivi, cada travamento, cada lágrima de insegurança teve sentido. Tudo me preparou para o que faço hoje. Para ser ponte e ser uma voz que acolhe e direciona. Para ser alguém que, antes de falar para o mundo, aprendeu a escutar a si.

Se você também sente medo, se carrega dentro de si um ponto frágil que ainda o impede de avançar, saiba que há muita grandeza nesse ponto de sua jornada. E saiba também que, ao olhar para isso com coragem e ternura, você pode encontrar a chave que o levará muito além do que imaginava.

Sua dor, se atravessada com consciência, pode se tornar parte de seu legado. E seu legado pode ser exatamente o que alguém, em silêncio, está esperando encontrar.

PRÁTICAS PARA CULTIVAR A CORAGEM DE SER VULNERÁVEL

Falar sobre vulnerabilidade pode soar, para alguns, como algo bonito apenas na teoria. Mas como trazer essa coragem para a vida real? Como tornar a vulnerabilidade não apenas um conceito, mas uma prática?

Abaixo, compartilho três exercícios simples e ao mesmo tempo profundos que podem ajudar você a iniciar esse processo com mais consciência:

1. **Escreva uma carta para si mesmo**

   Tire alguns minutos para escrever, à mão, uma carta para si mesmo. Nela, reconheça um medo que ainda habita em você. Dê nome a esse medo. Fale com sinceridade, sem julgamentos. Acolha a sensação. Diga a si mesmo o que gostaria de ouvir. Essa carta não precisa ser lida por ninguém, é só um espaço seguro de escuta e conexão interior.

2. **Compartilhe uma história de fragilidade com alguém de confiança**

   Escolha alguém que você admira e com quem se sente seguro. Compartilhe com a pessoa um episódio de sua vida em que se sentiu vulnerável, perdido ou com medo. Observe como, ao se abrir, a conexão se aprofunda. Você vai perceber que não está sozinho, e talvez ainda inspire o outro a fazer o mesmo.

3. **Liste as forças que nasceram de suas dores**

   Pense nas situações mais desafiadoras que já enfrentou. O que você aprendeu com elas? Quais qualidades nasceram a partir dessas experiências? Pode ser resiliência, empatia, sabedoria, sensibilidade... Anote tudo. Esse exercício ajuda a perceber que nossas cicatrizes podem ser fontes de potência, e não de vergonha.

Essas práticas não exigem exposição pública nem coragem heroica, apenas um compromisso íntimo com a verdade. Um passo de cada vez. Um gesto por vez.

POEMA *IF*, DE RUDYARD KIPLING

Há textos que nos atravessam como espelhos. O poema *If*, escrito pelo autor e poeta britânico Rudyard Kipling no início do século XX, é um desses. Endereçado ao filho dele, mas escrito para a alma de todos os que buscam maturidade e inteireza, *If* (que significa "Se" em português) é uma ode à vulnerabilidade de quem já não precisa se defender dela. É a voz de quem conhece a dor, mas não é mais definido por ela.

Em cada estrofe, Kipling desenha o perfil de um ser humano inteiro. Não perfeito e inatingível, mas capaz de manter a cabeça erguida mesmo quando o chão parece ruir.

Vale a pena conhecer o poema completo, caso tenha a oportunidade.[34]

34 *If*, de Rudyard Kipling; tradução de Guilherme de Almeida. **Folha de S.Paulo**, 5 maio 2007. Disponível em: www1.folha.uol.com.br/folha/brasil/ult96u92310.shtml. Acesso em: 28 jun. 2025.

Trago, a seguir, alguns trechos que merecem atenção especial:

"Se és capaz de manter a tua calma quando todo o mundo ao teu redor já a perdeu e te culpa". Aqui, ele nos convida à serenidade em meio ao caos. Uma serenidade que não é negação, mas domínio emocional. Uma das maiores conquistas de quem se permitiu conhecer o próprio limite e, mesmo assim, seguiu em frente.

"Se encontrando a desgraça e o triunfo conseguires tratar da mesma forma a esses dois impostores". Talvez esses sejam os versos mais famosos e mais desafiadores. Ver tanto o sucesso quanto o fracasso como "impostores" exige uma maturidade que só nasce na alma de quem já enfrentou a dor de frente e entendeu que nem as glórias nos definem, nem os tombos nos anulam.

"Se és capaz de sofrer a dor de ver mudadas em armadilhas as verdades que disseste, e as coisas, por que deste a vida, estraçalhadas, e refazê-las com o bem pouco que te reste." Essa imagem é poderosa: ver ruir o que foi construído com tanto esforço e, ainda assim, recomeçar. Não com ferramentas novas, mas com o que restou. Com as mãos calejadas, com a alma cansada, mas com o espírito intacto.

No final, Kipling sela o poema com uma promessa que não fala sobre status ou conquistas externas, mas sobre identidade:

"Tua é a terra com tudo o que existe no mundo/ E o que mais – tu serás um homem, ó meu filho!". Ser um "homem", aqui, no sentido mais amplo e profundo do termo. Ser alguém inteiro. Alguém que, ao acolher sua vulnerabilidade, descobriu a força que não grita. A força que permanece.

Esse poema me acompanha há muitos anos. É leitura frequente em momentos decisivos da vida. Porque ele conforta e ensina.

Leia-o em voz alta, se puder. Leia como quem busca algo dentro de si. Porque, no fim das contas, talvez você descubra, como eu descobri, que ali também está um pedaço de sua história.

SER ALGUÉM INTEIRO. ALGUÉM QUE, AO ACOLHER SUA VULNERABILIDADE, DESCOBRIU A FORÇA QUE NÃO GRITA. A FORÇA QUE PERMANECE.

Planeje o excelente, governe o possível e entregue o inimaginável

@FABRICIOOLIVEIRABC

CAPÍTULO 8

MENTALIDADE RESILIENTE

Por vinte e sete anos, Nelson Mandela viveu privado da liberdade. Vinte e sete (!) anos que poderiam ter transformado qualquer ser humano em uma sombra do que foi um dia. Mas não ele.

Preso por lutar contra o regime do Apartheid na África do Sul, Mandela passou quase três décadas encarcerado, dezoito desses anos na ilha de Robben Island, onde as condições eram duras com o trabalho forçado e o tempo que parecia não avançar. Mas, enquanto esteve atrás das grades, ele mantinha viva a convicção de que a justiça não poderia ser silenciada, e que o povo merecia mais do que medo e segregação.[35]

Durante o tempo em que esteve preso, Mandela estudou, refletiu, escreveu cartas e mais cartas. Manteve-se inteiro o tempo todo. Não cedeu ao ódio nem à desesperança. Quando finalmente deixou a prisão, em 1990, saiu ainda mais forte. Recusou a revanche e estendeu a mão aos algozes. Conduziu um país dividido por décadas de racismo e violência por um caminho de reconciliação ao se tornar o primeiro presidente negro da África do Sul.[36] E acabou se tornando símbolo mundial de paz, dignidade e perseverança.

---

35 BIOGRAFIA de Nelson Mandela. **InvestNews**, [s.d.]. Disponível em: https://investnews.com.br/perfis/nelson-mandela/?gad_source=1&gclid=CjwKCAjwktO_BhBrEiwAV70jXkyvXE4coitpX0GJYD0ay74YuS6aIsGjV5C-orr2sp1I2_ofDTk2ShoC5LAQAvD_BwE. Acesso em: 27 jun. 2025.

36 QUEM foi Nelson Mandela? **Tribunal Regional Federal da 6ª Região**, [s.d.]. Disponível em: https://portal.trf6.jus.br/quem-foi-nelson-mandela. Acesso em: 27 jun. 2025.

Mandela foi admirado por ter vencido e porque não permitiu que a dor o deformasse. A força dele estava justamente no fato de ter sido testado ao extremo, e ainda assim escolher a paz.

Do outro lado do mundo, em uma época bem diferente, outro homem enfrentava uma batalha que colocava em risco a sobrevivência do próprio povo. Winston Churchill assumiu a liderança da Inglaterra em meio ao caos.[37] Era 1940, e o mundo observava, atônito, o avanço do nazismo pela Europa. A França estava prestes a cair. E a Inglaterra era a próxima na linha de fogo.

As bombas já começavam a atingir Londres, enquanto a população vivia sob o peso da incerteza. Era muito fácil se deixar abater ou desesperar. Mas Churchill se recusava a deixar a escuridão vencer. Nos discursos dele, transmitidos por rádio para cada casa inglesa, cada trincheira, cada abrigo antibombas, ele dizia exatamente o que o povo precisava ouvir: "Lutaremos nas praias, lutaremos nos terrenos de desembarque, lutaremos nos campos e nas ruas, lutaremos nas colinas; nunca nos renderemos".

A firmeza daquelas palavras não apagava o medo e, ainda por cima, oferecia uma direção. Churchill sabia que um líder não precisava ter todas as respostas, mas precisava manter acesa a chama da resistência. E foi isso que ele fez. Mesmo sem garantias e sob a ameaça do colapso, seguiu firme e manteve o povo unido.

Mandela e Churchill não foram homens sem dor. Foram homens que transformaram a dor em força. Eles enfrentaram o medo de frente. Não cederam ao desespero. Mostraram ao mundo, e a todos nós, que a verdadeira grandeza não está na ausência de sofrimento, e sim na coragem de continuar, apesar dele.

Hoje eles são lembrados porque, nos momentos mais sombrios, escolheram permanecer fiéis àquilo em que acreditavam. E essa escolha, essa capacidade de se manter firme quando tudo parece forçá-lo a parar, é o que podemos chamar de "mentalidade resiliente".

37 MARASCIULO, M. Winston Churchill: 5 fatos para conhecer a história do político. **Galileu**, 24 jan. 2023. Disponível em: https://revistagalileu.globo.com/sociedade/historia/noticia/2023/01/winston-churchill-5-fatos-para-conhecer-a-historia-do-politico.ghtml. Acesso em: 27 jun. 2025.

Esse tipo de mentalidade não nasce com alguns poucos privilegiados. Ela se constrói pouco a pouco, pode ser aprendida e cultivada em qualquer um de nós.

O QUE É MENTALIDADE RESILIENTE?

A mentalidade resiliente é, antes de tudo, uma escolha. Não é ausência de dor, como eu já disse, nem negação da realidade ou otimismo ingênuo. É a capacidade de reconhecer uma dificuldade sem ser "engolido" por ela. É conseguir olhar para um cenário adverso e, em vez de paralisar, encontrar um sentido para continuar mesmo quando se sente perdido.

E de onde vem a força, a resiliência? Essa é uma pergunta que muitas pessoas fazem. A resposta, ao contrário do que muitos pensam, não está nos momentos bons. A resiliência não nasce da vitória, e sim das batalhas. É nas quedas, nas derrotas momentâneas e nos dias difíceis que ela se forma.

Ser resiliente no sucesso é fácil! O verdadeiro teste acontece quando tudo está desmoronando. Quando você passa por uma perda, uma frustração, um erro e, ainda assim, escolhe continuar. É nesse momento que você conquista algo precioso: autoridade.

A autoridade verdadeira não vem do cargo que você ocupa, nem do título que carrega. Vem das batalhas que você venceu e, muitas vezes, das derrotas que ressignificou. Mas, atenção: não confunda autoridade com poder. O poder pode ser dado ou tirado. A autoridade, não. Ela é construída com tempo, dor, superação e propósito.

Eu perdi eleições. Aliás, perdi mais vezes do que ganhei. E, apesar disso, tornei-me prefeito e um bom líder. Assim como Abraham Lincoln, que enfrentou uma série de fracassos antes de se tornar um dos maiores presidentes da história dos Estados Unidos, eu também passei por derrotas que me forjaram. Não quero me comparar a ele, claro, mas entendo bem o caminho e soube percorrê-lo.

Talvez ninguém tenha traduzido isso melhor do que Viktor Frankl, o psiquiatra que sobreviveu aos campos de concentração nazistas. Ele relatou que, diante do horror do Holocausto – quando famílias foram separadas, vidas aniquiladas e a esperança de cada um arrancada à força –, o que permitia a algumas pessoas manterem-se vivas emocionalmente foi o sentido de propósito. E isso fazia a mente delas se manter resiliente e suportar todos os revezes.

Frankl dizia que a vida nunca deixa de ter sentido, mesmo nas circunstâncias mais trágicas. A questão é: será que as pessoas ainda conseguem enxergar esse sentido? Ele observou que aqueles que tinham algo ou alguém por quem viver – um sonho, uma causa, uma pessoa – suportavam a dor com mais dignidade. Enquanto outros, sem esse porquê, sucumbiam ao vazio. Para ele, a resiliência emocional não é apenas uma característica psicológica, é uma postura espiritual diante da vida.

Por isso, o primeiro alicerce de uma mentalidade resiliente é o propósito. Uma pessoa resiliente não caminha apenas pelo prazer de caminhar. Ela sabe por que está indo, para onde e por quem.

Outro aspecto essencial da mentalidade resiliente é a forma como interpretamos o fracasso.

Nesse ponto, precisamos voltar à já citada Carol Dweck, professora de psicologia em Stanford, que passou décadas estudando como a mentalidade humana reage a desafios. A principal descoberta dela foi a divisão entre dois tipos de mindset: o fixo e o de crescimento.[38]

Pessoas com mentalidade fixa acreditam que suas habilidades são estáticas. Creem que nasceram de um jeito e que nada pode ser feito para mudar. Ao se depararem com o fracasso, tendem a vê-lo como prova de incompetência. Já quem tem mentalidade de crescimento entende que qualquer talento pode ser desenvolvido, que o erro faz parte do processo, e que cada queda é uma chance de aprender algo novo e de se reerguer.

"Quando as pessoas acreditam que as qualidades básicas podem ser desenvolvidas, os fracassos podem ser dolorosos, mas não as definem. E, se é possível expandir as capacidades – se a mudança e o crescimento são possíveis –, então ainda há muitos caminhos para o sucesso", escreveu Dweck.[39]

38 DWECK, C. **Mindset**: a nova psicologia do sucesso. Rio de Janeiro: Objetiva, 2017. p. 14-15.

39 DWECK, C. *Idem*. p. 48.

Ou seja: a resiliência começa na forma como pensamos sobre dor e fracasso. Se você acredita que errar é o fim, sua mente vai aprisioná-lo. Mas se acredita que errar é um passo na direção do acerto, sua mente vai libertá-lo.

OS CINCO PILARES DE UMA MENTALIDADE RESILIENTE

A resiliência não é um traço fixo. É uma construção diária, feita de escolhas, enfrentamentos e aprendizados. Com base em autores e estudiosos do assunto, e ancorado em experiências reais – tanto individuais quanto coletivas –, podemos identificar cinco pilares fundamentais que sustentam essa postura diante da vida.

1. PROPÓSITO CLARO: QUANDO O "PORQUÊ" É MAIS FORTE QUE O "COMO"

O sofrimento só se torna insuportável quando perde o sentido. Viktor Frankl, ao observar o comportamento dos prisioneiros em Auschwitz, identificou que a diferença entre aqueles que sucumbiam à dor e os que resistiam estava na presença ou ausência de um propósito maior.

Pessoas resilientes não vivem para si mesmas, vivem por algo maior que elas. Suportam a dor não porque são mais fortes biologicamente, mas porque sabem que aquela dor tem direção, leva a algum lugar. Elas acreditam que aquilo que estão construindo – uma família, uma causa, uma cidade, uma missão – vale todo o esforço.

Quando o propósito está claro, até o sofrimento muda de nome. Torna-se parte da missão.

2. MENTALIDADE DE CRESCIMENTO: O ERRO COMO MESTRE, E NÃO COMO SENTENÇA

Carol Dweck nos mostrou que as pessoas se dividem entre aquelas que acreditam que nasceram com capacidades imutáveis (mentalidade fixa) e aquelas que acreditam que podem aprender, desenvolver-se e evoluir (mentalidade de crescimento).

A mentalidade resiliente nasce dessa segunda postura. A pessoa que a tem diz: "Isso me derrubou, mas eu aprendi algo". É o tipo de mentalidade que não se apega à perfeição, mas à transformação. E, mais que isso, cultiva a curiosidade, a abertura para o novo e a coragem de tentar outra vez, mesmo quando as tentativas anteriores não deram certo.

3. REGULAÇÃO EMOCIONAL: SENTIR TUDO SEM SER DOMINADO POR NADA

Pessoas resilientes não são frias nem anestesiadas. Elas sentem, choram e ficam frustradas como qualquer outra. Mas têm algo fundamental que muitos não têm: inteligência emocional. Não se afundam nem sucumbem à emoção que estão sentido, elas a compreendem e a atravessam.

O neurocientista Richard Davidson, autor do livro *O estilo emocional do cérebro*, descobriu que a resiliência está ligada a áreas do cérebro que controlam a atenção e a recuperação emocional.[40] A boa notícia? Isso pode ser treinado. Meditação, respiração consciente e reestruturação cognitiva (trocar pensamentos automáticos por outros mais saudáveis) são estratégias que fortalecem essa habilidade.

Resiliência emocional não é suprimir. É integrar, saber que a dor pode vir, mas que você não precisa fazer morada nela.

4. FLEXIBILIDADE: ADAPTAR A ROTA SEM PERDER A IDENTIDADE

A rigidez é o maior inimigo da resiliência. Pessoas resilientes sabem que as circunstâncias mudam. E, com elas, mudam os planos. Mas o que não muda é o valor central, ou seja, elas sabem o que é essencial nas trajetórias e continuam firmes, mesmo que os métodos ou os caminhos precisem mudar.

Flexibilidade é a habilidade de enxergar outras possibilidades quando uma porta se fecha. É a capacidade de dizer: "Se esse caminho não é mais possível, qual outro posso criar sem trair quem sou?" É isso que permite que líderes reinventem os negócios, que cidades se recuperem de tragédias,

40 DAVIDSON, R. J.; BEGLEY, S. **O estilo emocional do cérebro**: como o funcionamento cerebral afeta sua maneira de pensar, sentir e viver. Rio de Janeiro: Sextante, 2013.

que famílias ressurjam depois de um luto e que pessoas reencontrem a luz depois de uma queda profunda.

Resiliência não é teimosia. É adaptação dirigida por um propósito.

5. ESPERANÇA ATIVA: NÃO APENAS ESPERAR, MAS AGIR COM FÉ

A esperança, quando madura, não significa passividade. É um combustível que nos faz continuar mesmo quando a realidade ainda não mudou. Ou seja, não é apenas "Vai dar certo". É "Vai dar certo porque estou fazendo o que posso para que dê certo".

RESILIÊNCIA NÃO É TEIMOSIA. É ADAPTAÇÃO DIRIGIDA POR UM PROPÓSITO.

A esperança ativa não se limita a desejar. Ela age e abre espaço para a pergunta: "Qual é meu próximo passo?". Ela combina fé com ação. Coragem com paciência. E permite que você mantenha o olhar no horizonte à frente, mesmo quando você ainda não sabe como chegar lá.

Em resumo:
O propósito sustenta o caminhar. A mentalidade de crescimento transforma o cotidiano. A regulação emocional protege a alma e a mente. A flexibilidade adapta quando for preciso. A esperança ativa faz a pessoa se movimentar. Esses pilares não são garantias de que não haverá dor, mas são estruturas que impedem que ela nos quebre.

Quando cultivamos esses cinco pontos dentro de nós, nos tornamos menos frágeis diante das crises e mais disponíveis para construir algo novo a partir delas. Resiliência não é um escudo, é um terreno fértil, e você pode decidir o que vai plantar nele.

RESILIÊNCIA COLETIVA

Sempre acreditei que a resiliência não é apenas uma virtude individual. Ela também pode, e precisa, ser um traço coletivo. Uma força que atravessa as pessoas e que, quando bem cultivada, pode transformar comunidades inteiras. Balneário Camboriú é prova disso.

Já falei algumas vezes sobre isso, mas preciso reforçar. Nos momentos mais difíceis da história recente da cidade, especialmente durante a pandemia da covid-19, enfrentamos muito mais do que uma crise sanitária. Enfrentamos o medo, a desinformação, a paralisia emocional. A dor da perda. A dúvida constante sobre o futuro. E, mesmo assim, escolhemos não ceder. Certos dias, eu mesmo pensava: *Como vamos continuar desse jeito?*

Hospital lotado, decisões difíceis sobre isolamento, uma cidade turística completamente fechada e um povo assustado. Era esse o cenário. Mas, no meio do caos, escolhemos nos movimentar.

Lembro com clareza daquele dia em que decidimos transformar uma UPA, que estava prestes a ser inaugurada, em um hospital especializado no combate à covid. Fizemos isso em quarenta e cinco dias. Só havia mesmo a convicção de que, naquele momento, cuidar das pessoas não era apenas uma responsabilidade institucional, e sim uma missão humana.

Atendemos nossos moradores e abrimos as portas para toda a região. Fomos sombra para quem não tinha onde se abrigar. Ao mesmo tempo, percebemos que a crise não era apenas física, era emocional. E por isso criamos o já mencionado programa Abraço, que levou cuidado psicológico, fisioterapia e atendimento para a casa das pessoas. Quando alguém não podia sair, a prefeitura batia à porta. E isso não foi marketing, nem plano de governo. Foi empatia em ação, humanidade traduzida em ação pública.

No auge da crise, enquanto o mundo discutia se era hora de parar ou correr, fizemos a escolha de estar presentes. E essa decisão mudou tudo. Eu sempre dizia que não sabíamos para onde ir, mas jamais poderíamos nos esquecer de quem éramos.

Essa frase me guiou em muitos momentos. Porque, quando uma cidade esquece a própria identidade, entrega-se ao colapso. Mas Balneário lembrou o que era. Uma cidade feita de gente feliz. De gente que acolhe, que cuida e que transforma.

É por isso que, mesmo sem saber o que viria no dia seguinte, decidimos ser árvore no meio do deserto. Árvore que não tem fruto visível, mas que ainda assim oferece sombra.

Em algum momento daquela travessia, percebi que a resiliência havia deixado de ser uma atitude individual minha e se tornado um traço da cidade. Havia se tornado a resiliência do comerciante que, mesmo sem abrir as portas, não demitiu ninguém. Da equipe da saúde que nem ia para casa, dormia no plantão e não abandonava o posto. Do voluntário que levava comida a quem não podia sair. Do vizinho que ligava para saber se o outro precisava de ajuda.

Essa rede invisível de coragem de muitas pessoas é o que chamo de resiliência coletiva. E isso não se ensina com cartilha, não se impõe com decreto. Nasce da inspiração, da influência e da liderança. Por isso, contagia. Ela nasce quando um líder – e falo isso com todo o peso e humildade da função – tem a coragem de mostrar vulnerabilidade sem perder o eixo. Eu não tinha todas as respostas, mas tinha a certeza de que não podia desistir. E essa certeza, hoje sei, tocou muitos outros.

A resiliência coletiva nasce também daquilo que o líder sustenta, não apenas em discursos, mas na prática. Ser prefeito durante a pandemia foi o maior desafio de minha vida pública. Mas também foi o período em que mais me conectei com a essência da função, que é o servir.

Ali aprendi que liderar não é garantir a ausência de dor. É garantir que, mesmo diante da dor, ninguém se sinta sozinho. E isso vale para cidades, comunidades e qualquer lugar onde dois ou mais seres humanos tentam seguir juntos.

No fim das contas, a resiliência, quando se torna uma cultura, passa de geração em geração. Aparece nas decisões políticas, nas relações sociais, nos negócios, nos bairros. Molda o imaginário, estrutura a identidade e faz com que, diante de qualquer nova crise, a resposta já esteja incubada na alma do povo.

Balneário Camboriú saiu mais forte daquela travessia porque teve mentalidade resiliente de modo coletivo. E isso aconteceu porque, juntos, escolhemos não ceder e continuar.

Talvez esta seja a definição mais simples e poderosa de resiliência: continuar quando tudo, dentro e fora de você, grita que é hora de desistir.

A RESILIÊNCIA NO COTIDIANO DE TODOS NÓS

É fácil admirar a resiliência nos grandes nomes da história, como os exemplos que eu mesmo trouxe aqui. É fácil respeitar a força interior dos líderes que resistiram à opressão, das trajetórias que viraram livros e filmes e das cidades que renasceram do caos. Mas a verdade é que a resiliência mais poderosa e mais necessária é aquela que acontece no anonimato de nossos dias comuns.

É no cotidiano que nossa mentalidade é moldada. Não é só no luto, na perda ou na crise. É quando o alarme toca às 6 horas e você levanta, mesmo cansado, porque é preciso encarar mais um dia. É quando você erra com seu colega de trabalho e, em vez de se culpar, escolhe aprender. É quando um imprevisto acontece e, em vez de explodir, você respira e reorganiza os pensamentos antes de falar o que lhe vem à cabeça de imediato.

A mentalidade resiliente não vem de um momento heroico, é construída no detalhe das decisões de todo dia. Ela mora no pensamento que você alimenta, nas palavras que escolhe para falar consigo mesmo e no modo como interpreta tudo aquilo que lhe acontece.

Se você quiser começar a desenvolver uma mentalidade resiliente que fará a diferença em sua vida e na vida de quem está ao seu lado, experimente trocar algumas frases de derrota por outras que abrem caminhos. Veja alguns exemplos:

- Em vez de dizer "Nada dá certo pra mim", pergunte "O que posso fazer de diferente desta vez?".
- Em vez de pensar "Eu sou um fracasso", afirme "Estou aprendendo algo valioso com isso".
- Em vez de se perguntar "Por que isso está acontecendo comigo?", diga "O que isso está tentando me ensinar?".

Essa troca de vocabulário interno é simples, mas tão poderosa que transforma o mundo a partir de dentro. Ela ensina o cérebro a não se fixar no problema, nos erros, na culpa, mas na lição, na evolução e na coragem de seguir. Nos momentos em que a vida parece mais dura, é esse diálogo interno que sustenta sua estrutura emocional.

EM VEZ DE PERGUNTAR "POR QUE ISSO ESTÁ ACONTECENDO COMIGO?", DIGA "O QUE ISSO ESTÁ TENTANDO ME ENSINAR?".

Eu mesmo precisei praticar isso muitas vezes. Quando perdi meu irmão, quando fui derrotado em várias eleições, quando fui criticado injustamente. Nessas horas, o que me sustentava não era apenas a fé ou a convicção pública. Era a forma como eu conversava comigo mesmo no silêncio.

A pergunta não era "Por que eu?", mas "O que posso fazer com isso?" É esse tipo de mentalidade que mantém você em pé. Que te faz crescer, mesmo quando está doendo.

EXERCÍCIO FINAL: AS QUEDAS QUE VIRARAM FORÇA

Agora, proponho a você um exercício simples para reconhecer, ressignificar e reescrever sua história com mais verdade e poder para se abrir para a mentalidade resiliente. Você percorreu este capítulo e mergulhou em histórias, conceitos e experiências, então quero convidá-lo a fazer uma pausa. Uma pausa ativa e intencional.

Esse exercício é um convite para olhar para dentro com honestidade, mas também com compaixão. Todos nós já caímos algumas vezes na vida, e o que diferencia as pessoas não é o fato de terem caído, mas o que elas fizeram depois da queda.

Então, respire fundo, pegue lápis ou caneta e comece por aqui:

1. LISTE TRÊS DERROTAS OU PERDAS QUE MARCARAM SUA VIDA.

Podem ser grandes ou pequenas. O que importa é que, de algum modo, tenham afetado você profundamente.

Exemplos:

- Perdi um emprego que eu amava.
- Fui traído por um grande amigo.
- Abandonei um projeto importante por medo.

1. ______________________________
2. ______________________________
3. ______________________________

2. PARA CADA UMA DELAS, ESCREVA O QUE VOCÊ APRENDEU.

O que aquela experiência revelou sobre você? Sobre os outros? Sobre a vida?

Exemplos:

- Aprendi que meu valor não está vinculado ao cargo que ocupo.
- Aprendi a reconhecer quem está realmente a meu lado.
- Percebi que coragem não é ausência de medo, mas decisão de agir mesmo com medo.

1. ______________________________
2. ______________________________
3. ______________________________

3. REESCREVA CADA UMA DESSAS DERROTAS COMO UM CAPÍTULO DE TRANSFORMAÇÃO.

Dê um novo nome à história. Um nome que revele não a dor, mas a força que veio dela.

Exemplos:

- Em vez de "O dia em que fui demitido", escreva "O dia em que recuperei minha liberdade criativa".
- Em vez de "A maior traição de minha vida", mude para "O momento em que aprendi a escolher quem me acompanha".
- Em vez de "O meu fracasso como empreendedor", tente "O início da minha reconstrução com mais propósito".

1. ____
2. ____
3. ____

4. ESCREVA UMA FRASE DE PODER QUE RESUMA SUA FORÇA RESILIENTE.

Essa frase é sua. Deve funcionar como um lembrete, um hino interno.

Exemplos:

- Eu sou mais forte do que tudo que tentou me parar.
- Minhas quedas me ensinaram a voar com mais verdade.
- Tudo aquilo que me feriu também me forjou.
- A dor me ensinou onde mora minha potência.

1. ____
2. ____
3. ____

Se você fizer esse exercício com sinceridade, vai perceber algo transformador: as dores mais difíceis de sua vida podem se tornar as raízes de sua autoridade emocional. Lembre-se: a verdadeira resiliência não é a ausência de feridas; é a capacidade de fazer com que elas se fechem e o tornem mais forte.

A VERDADEIRA RESILIÊNCIA NÃO É A AUSÊNCIA DE FERIDAS; É A CAPACIDADE DE FAZER COM QUE ELAS SE FECHEM E O TORNEM MAIS FORTE.

Talvez, quando olhar para trás, você não vá mais dizer: "Eu sobrevivi", mas passará a afirmar: "Foi ali que nasci de novo, mais inteiro, sábio e pronto para deixar um legado". Assim estará também pronto para influenciar os outros a também seguirem por esse caminho.

CAPÍTULO 9

INFLUÊNCIA: O DOM DE MOVER O MUNDO

Depois de refletir sobre o poder de seus pensamentos, entender como seu corpo comunica antes mesmo de dizer qualquer palavra, reconhecer sua responsabilidade sobre a própria vida, acolher sua vulnerabilidade como força e desenvolver uma mentalidade resiliente, é hora de dar o próximo passo.

Estamos caminhando para as últimas páginas deste livro, e espero que este seja apenas o início de uma nova fase de sua vida. Depois de tudo o que aprendeu nessa nossa conversa silenciosa, só espero de você uma coisa: ação. Mais do que isso, que você entenda que tem a missão de ser influência positiva para o mundo.

Sim, essa é uma missão importante e urgente. É a missão de influenciar pessoas, ambientes e estruturas para o bem. A tarefa de transformar seu entorno em um espaço mais consciente, saudável e justo. E de ser um agente ativo de mudança para sua família, sua comunidade, sua cidade e, por que não, para seu país ou todo o planeta.

Antes que pense que isso é grande demais ou que talvez não seja para você, quero que se lembre de uma história que contei no início deste livro. Recorda-se de que meu primeiro discurso de campanha foi feito... pelo meu pai? Pois é. Para recapitular: a cena aconteceu no quintal de minha casa. Alguns amigos próximos haviam se reunido para ouvir o anúncio

INFLUENCIAR NÃO É CONVENCER A QUALQUER CUSTO. É SE CONECTAR COM O OUTRO E CRIAR UM NOVO ESPAÇO DE POSSIBILIDADES A PARTIR DO EXEMPLO QUE OFERECE.

Planeje o excelente, governe o possível e entregue o inimaginável

@FABRICIOOLIVEIRABC

oficial de minha candidatura à Câmara de Vereadores. Mas quem tomou a palavra naquele encontro decisivo não fui eu. Foi o seu Zé Oliveira, meu pai. E isso diz muito sobre mim, mas diz ainda mais sobre ele.

Naquela época, eu era incapaz de dizer em voz alta qualquer coisa para um grupo com mais de cinco pessoas. Já meu pai era o oposto: homem culto, apaixonado por livros, dono de uma oratória elegante, com frases bem construídas, emitidas com naturalidade.

Naquela noite, foi ele quem deu voz as minhas ideias. Com sua fala, ele me legitimou. Mesmo sem compreender todos os termos rebuscados, meus amigos aceitaram logo o que ele pedia, porque era natural que fosse assim. Ele sabia influenciar sem esforço. E aquela foi uma das muitas vezes que vivenciei o poder da influência.

Ele me influenciou mais com o exemplo do que com conselhos diretos. Influenciou com o modo como tratava as pessoas, com o respeito que tinha pelas palavras, com a seriedade que dava ao conhecimento. E, talvez sem perceber, moldou muito do que me tornei como homem público. Na ausência de minha voz, ele foi a ponte. E depois, com o tempo, esse exemplo me ensinou a compreender meu próprio poder de influência.

Décadas mais tarde, eu seria convidado a discursar na sede da ONU, em Genebra. Lá estava eu, diante de autoridades do mundo todo, apresentando o modelo de enfrentamento à pandemia desenvolvido em Balneário Camboriú. E não foram só as palavras que importaram naquele momento. Foi a verdade com que foram ditas, junto com a convicção e o sentimento.

O resultado você já sabe: representantes internacionais vieram até o Brasil para ver de perto o que estávamos fazendo. Foram influenciados não por uma campanha de marketing, mas pelo impacto real de uma história verdadeira.

No contraste entre aquela reunião tímida no quintal de minha casa e o auditório da ONU, entendi, de maneira definitiva, que a influência não tem a ver com palco, holofote ou cargo. Tem a ver com presença, intenção, verdade. E isso vale para mim, mas vale também – e principalmente – para você.

Sim, você! Que agora carrega dentro de si um novo olhar sobre si e sobre o mundo. Que entendeu que toda transformação começa de dentro para fora. Que se responsabilizou, reconheceu suas dores e decidiu que não vai mais se esconder atrás delas.

É você quem deve – isso mesmo, deve – influenciar o mundo a sua volta. Isso porque esta é a essência da existência humana: ou influenciamos, ou somos influenciados. E se você não ocupar seu lugar com verdade, alguém vai ocupá-lo, e você será um figurante na própria história.

Agora, deixe que sua consciência encontre sua missão. E sua missão, agora, é usar o que aprendeu até aqui para ser uma presença que transforma, uma voz que encoraja e uma ação que inspira. Influenciar não é convencer a qualquer custo; é se conectar com o outro e criar um novo espaço de possibilidades a partir do exemplo que oferece. E, principalmente, construir um amanhã diferente, no dia de hoje.

O QUE É INFLUÊNCIA (E O QUE NÃO É)

Vamos começar pelo que não é. Influência não é persuasão forçada. Não é gritar mais alto, nem convencer alguém com base em argumentos manipuladores. Muito menos é sinônimo de carisma ou de popularidade apenas.

A influência verdadeira é sutil e, ao mesmo tempo, poderosa. Ela acontece quando alguém, diante de sua presença, de suas palavras ou até mesmo de seu silêncio, passa a pensar e agir diferente ou desejar algo melhor para si mesmo.

Influenciar é semear. E, como toda semente, os frutos nem sempre aparecem imediatamente. Às vezes, uma atitude sua pode gerar, em outra pessoa, uma transformação que só vai florescer anos depois. Pode ser uma palavra que você disse no momento certo, uma escolha ética que alguém testemunhou em silêncio, uma decisão difícil que inspirou outro a fazer o mesmo. A verdadeira influência não se impõe, ela inspira.

E quando trago aqui a importância de saber influenciar, não falo apenas de pessoas públicas, líderes ou figuras carismáticas. Um pai, uma mãe, um professor, um amigo influenciam. Todos influenciamos todos os dias, querendo ou não.

Mas é preciso também deixar claro que nem toda influência é positiva. Da mesma forma que há líderes que transformam o mundo para melhor, existem aqueles que conduzem multidões ao abismo. Hitler foi um grande influenciador. Stalin também. E ambos deixaram rastros de dor e destruição com base em discursos altamente envolventes e também altamente distorcidos.

Por isso, influenciar é uma grande responsabilidade. E, talvez, uma das mais sérias e importantes que podemos carregar.

Na Bíblia, em João 14:12,[41] Jesus deixa um princípio marcante ao afirmar que faremos coisas ainda maiores do que Ele. Jesus não estava falando de milagres, mas da capacidade de influenciar o mundo com verdade, com propósito, com integridade. Ele delegou aos discípulos – e, por extensão, a todos nós – o poder de impactar vidas por meio da presença, da palavra e do exemplo.

E Paulo, em Filipenses 4:8, completa esse argumento dizendo: "Tudo o que for nobre, tudo o que for correto, tudo o que for puro, tudo o que for amável, tudo o que for de boa fama, se houver algo de excelente ou digno de louvor, pensem nessas coisas". Em outras palavras, o que preenche sua mente molda sua influência.

Por isso é fundamental se perguntar: o que tem influenciado você? Que tipo de conteúdo você consome? Quais vozes têm moldado suas escolhas? Quais padrões você está reproduzindo no trabalho, em casa e na vida?

E mais: o que você tem permitido que entre na vida de seus filhos? Quem está mentorando seus filhos? É você? Ou é o celular, o algoritmo do YouTube e a rolagem infinita do Instagram?

Vivemos em uma era "dopaminérgica", como costumo dizer, em que o imediatismo, o vício no prazer rápido e superficial, e a busca por recompensas instantâneas estão moldando a forma como grande parcela das pessoas pensa, reage e se relaciona. E isso está afetando diretamente o caráter de nossa influência. Por isso, é preciso ter consciência. Pois, sim, a influência tem caráter.

41 "Digo-lhes a verdade: Aquele que crê em mim fará também as obras que tenho realizado. Fará coisas ainda maiores do que estas, porque eu estou indo para o Pai."

Ela carrega um tipo de energia que ou aproxima as pessoas de seu propósito ou as afasta dele. Por isso, ser um bom influenciador exige alinhamento entre discurso e prática, entre intenção e verdade. É preciso que a influência nasça da integridade, e não da conveniência.

Influência verdadeira não se mede por curtidas nem por seguidores nas redes sociais. Mede-se pela capacidade de fazer alguém enxergar uma nova possibilidade e dar um passo na direção certa.

OS TRÊS GRAUS DE INFLUÊNCIA

Nossa influência vai muito além do que imaginamos. Os pesquisadores Nicholas Christakis e James Fowler formularam, em 2010, a teoria dos três graus de influência que mostra que, por mais afastados que estejamos, podemos moldar o comportamento do outro.

Segundo a teoria,[42] tudo o que dizemos ou fazemos tem influência sobre o pensamento e o comportamento de nossos amigos (primeiro grau), dos amigos de nossos amigos (segundo grau) e dos amigos dos amigos de nossos amigos (terceiro grau). Ou seja, influenciamos não apenas as pessoas com quem convivemos diretamente, mas também pessoas distantes de nós, que talvez nem conheçamos.

Uma das questões do estudo de Christakis e Fowler era o problema da obesidade. Eles queriam saber se o fato de alguém ter se tornado obeso influenciava a sua rede social de forma que outras pessoas também passassem a engordar. Os resultados mostraram que, quando alguém se torna obeso, seus amigos têm 45% de chance de se tornarem também. Além disso, os amigos dos amigos acumulam um risco de 20% de ficar acima do peso, e o terceiro grau dessa cadeia também tem a chance de engordar acima da média em 10%.

Da mesma forma, segundo o estudo, essa influência em três graus também ocorre com outros comportamentos, como o tabagismo, e até as

42 O IMPACTO da regra dos três graus de influência. **A mente é maravilhosa**, 24 ago. 2020. Disponível em: https://amenteemaravilhosa.com.br/regra-dos-tres-graus-de-influencia/. Acesso em: 28 jun. 2025.

emoções. Se alguém se relaciona com pessoas solitárias, vai acabar se sentindo solitário também e propagar isso em rede.

Assim, a influência não acontece só de forma direta e consciente. Ela se dá também por uma espécie de "contágio emocional silencioso". Seu humor influencia, sua esperança influencia e até sua maneira de lidar com a dor influencia.

Se você vive cercado de pessoas negativas, que reclamam o tempo todo, que se rendem facilmente ao desânimo ou ao vitimismo, é provável que, em pouco tempo, comece a internalizar esse padrão, mesmo sem perceber.

As emoções são transmissíveis. E as decisões de uma pessoa, por mais simples que pareçam, podem redefinir a vida de outras dezenas que estão conectadas direta ou indiretamente a ela. É por isso que o que você escolhe pensar, sentir, dizer e fazer não termina em você. Você é o início de uma cadeia de impactos que podem se alastrar indefinidamente.

Então, pense nas influências invisíveis a sua volta. Você já parou para pensar em quem está realmente moldando o ambiente de sua casa? O que tem influenciado o clima emocional de sua família? O que tem formado a mentalidade de sua equipe? O que tem ditado os valores de sua empresa?

A maioria das influências mais profundas não é evidente, é subliminar. Elas não parecem uma imposição, pelo contrário: instalam-se devagar, infiltram-se nos hábitos, nas frases repetidas no dia a dia e nas decisões que vão sendo tomadas sem reflexão.

Se, em casa, você reclama todos os dias, está ensinando a sua família que reclamar é normal. Quando você diz "Não adianta tentar", está instruindo, mesmo sem querer, que a desistência é o único caminho. Se acorda murmurando, está estabelecendo o tom da manhã para todo o dia e para todo mundo ao seu redor, mesmo que ninguém diga nada a princípio.

E o mais assustador é que isso vale também para quem está influenciando você todos os dias. Será que você está pensando com sua mente ou com a mente "emprestada" de outra pessoa, e por isso sente medo, escassez, cansaço, raiva?

Essa é uma das perguntas mais necessárias do nosso tempo. Vivemos expostos a estímulos vinte e quatro horas por dia. E se você não filtra, absorve tudo. Se não seleciona, replica sem pensar. Se não ocupa sua mente com o que é bom, justo, digno, como ensina Paulo, ela será ocupada por outra coisa. E essa "outra coisa" costuma ser barulhenta e destrutiva.

Por isso, influenciar para o bem é mais do que uma oportunidade. É um dever. Se você não estiver influenciando conscientemente, será influenciado passivamente. E o mundo não precisa de mais vozes ecoando ruído, precisa de pessoas inteiras e conscientes.

A verdadeira revolução não começa nas instâncias de poder, mas no lar, na forma como você trata o caixa do mercado, em como educa seu filho e como cuida das palavras e dos pensamentos. A mais poderosa influência não é aquela que move massas, mas a que molda consciências, uma por vez.

O PODER DAS MESAS A QUE VOCÊ SE SENTA

Com quem você tem se sentado à mesa?

As mesas que frequentamos dizem muito sobre o que estamos absorvendo e também sobre o que estamos permitindo transbordar. Às vezes, você acha que está tomando decisões por conta própria, mas, quando olha com mais atenção, percebe que está apenas repetindo inconscientemente hábitos, crenças ou padrões emocionais das pessoas ao seu redor.

Isso acontece nos detalhes. Você almoça todos os dias com colegas que reclamam do trabalho, e, quando vê, está repetindo o mesmo discurso. Participa de um grupo no qual todos estão desiludidos com o país, com a vida, com o futuro e, sem perceber, começa a enxergar tudo pelo viés da frustração. Convive com gente que normaliza a grosseria, o desprezo, a pressa, e, de repente, também está falando alto com o caixa do supermercado, sem saber por quê.

É como diz o velho ditado: "Você é a média das cinco pessoas com quem mais convive".

Mas a verdade é que isso vai além de pessoas. Tem a ver com ecossistemas. Com as mesas nas quais você se senta, físicas ou simbólicas: as conversas que alimenta, os ambientes que frequenta, os conteúdos que consome, os assuntos que permite habitar sua mente. Tudo isso molda seu caráter. Porque o ecossistema sempre vence!

Você pode ter boas intenções, mas, se estiver mergulhado em um ambiente tóxico, desordenado ou raso, sua energia vai sendo sugada aos poucos. Você se adapta ao ambiente e às pessoas e acaba se desviando de seus primeiros objetivos. Por isso, se quiser manter sua influência saudável, precisa proteger seu ambiente.

Precisa escolher com cuidado os lugares que frequenta, os hábitos que cultiva e a quem dá ouvidos. Precisa, às vezes, mudar de mesa. Isso não significa romper de vez com as pessoas, mas talvez redefinir a frequência, o tipo de troca e a profundidade do vínculo.

Jesus entendeu isso como ninguém. Ele se sentava à mesa com pecadores, fariseus, pobres e ricos, mas sempre com intenção, nunca por conveniência. Ele ia para influenciar, e não para se diluir. Entrava em ambientes desafiadores, mas não permitia que o ambiente entrasse nele. Essa é a sabedoria que precisamos recuperar.

Você deve saber por que está no lugar em que está. Se for para elevar o ambiente, permaneça. Se for para se moldar a algo que não o representa, levante-se e saia. O que está em jogo não é apenas o que você escuta, mas aquilo em que passa a acreditar. E tudo aquilo em que você acredita define quem você é e o que você vai passar a influenciar.

A INFLUÊNCIA QUE GERA LEGADO

A influência mais poderosa é aquela que continua existindo mesmo depois que você sai da sala. E legado não é o que você deixa para o mundo, mas o que você deixa "nas pessoas".

O que poucos percebem é que, ao influenciar alguém, você não está apenas participando de um momento de alguém, está ajudando a escrever o próximo capítulo da vida daquela pessoa. Você pode influenciar um filho a ter coragem e, vinte anos depois, ele vai passar a liderar a transformação de uma comunidade inteira. Você pode inspirar um funcionário a fazer algo melhor, e ele começa um movimento dentro da empresa que muda toda a cultura do lugar. Você pode dizer uma frase que parecia pequena, mas que alguém carrega como âncora por uma vida inteira e muda o próprio mundo.

E TUDO AQUILO EM QUE VOCÊ ACREDITA DEFINE QUEM VOCÊ É E O QUE VOCÊ VAI PASSAR A INFLUENCIAR.

Planeje o excelente, governe o possível e entregue o inimaginável

@FABRICIOOLIVEIRA.BC

Foi assim que os maiores legados da história foram criados. Não por discursos épicos, mas por pequenos atos de coragem, verdade e presença.

Pense nos grandes influenciadores da humanidade. Martin Luther King mudou a consciência de uma nação com palavras e paciência. Madre Teresa influenciava pelo olhar e pelo toque. Jesus influenciava com a presença, mesmo quando se calava. Essas pessoas não procuravam "influenciar" de qualquer jeito. Elas estavam alinhadas com um propósito tão verdadeiro que a influência era inevitável. No fim das contas, elas queriam servir. E por isso as palavras delas ainda ecoam e inspiram.

Se você quer deixar um legado, não precisa pensar logo de cara em mudar o mundo. Deve começar pela forma como trata as pessoas em "seu mundo". O ato de influenciar, quando nasce do amor e da verdade, é uma espécie de eternidade.

E agora que você sabe o quanto influencia e é influenciado todos os dias, vem a pergunta mais importante: como exercer esse poder com consciência? Sim, influenciar é um poder. Mas só se torna bênção quando vem com intenção e coerência.

A seguir, compartilho alguns passos para cultivar essa influência consciente:

1. **Escolha sua mesa com sabedoria**

   Você é moldado pelo ambiente em que vive. Por isso, escolha as mesas que desafiem você a crescer, que o alimentem com verdade e que o lembrem o tempo todo de quem você é. Recuse aquelas que banalizam o sagrado e promovem ruído demais.

2. **Cultive pensamentos nobres**

   Lembre-se do conselho de Paulo (Filipenses 4:8): Tudo o que for nobre, tudo o que for correto, tudo o que for puro, tudo o que for amável, tudo o que for de boa fama, se houver algo de excelente ou digno de louvor, pensem nessas coisas. Sua influência nasce primeiro no invisível. Uma mente contaminada gera influência confusa, e uma mente clara gera luz.

3. **Seja coerente: viva o que você diz**

As pessoas não seguem o que você fala, seguem quem você é. Influência verdadeira não se sustenta na oratória, mas na integridade do cotidiano. Diga aquilo no que acredita, viva o que ensina e, se errar, peça perdão com humildade. Isso também influencia.

4. **Abrace a sua responsabilidade**

Você não precisa ser perfeito para influenciar positivamente, mas precisa ser intencional. Se você sabe o caminho, mostre. Se encontrou uma verdade, compartilhe. Se superou uma dor, ajude alguém a fazer o mesmo. Sua história pode ser o manual de que alguém precisa para enfrentar as próprias dores.

5. **Sirva antes de querer liderar**

A influência que transforma é aquela que se ajoelha para lavar os pés, e não a que sobe no púlpito para ser aplaudida sem mérito. Influenciar é, antes de tudo, servir. É estar disponível, enxergar o outro; não usá-lo como audiência, mas como destino.

6. **Torne-se ponte**

Seja ponte entre o caos e a esperança, entre o medo e a fé, entre o trauma e o propósito. Ser influência consciente é decidir, todos os dias, ser o elo que faltava entre alguém e a própria transformação.

CAPÍTULO 10

A PLENITUDE DE UM PROPÓSITO MAIOR

Antes de finalizar este livro, quero compartilhar algo com você. É uma história que contei recentemente em um encontro marcante do Legendários (um movimento global que incentiva a transformação de homens, famílias e comunidade por meio de uma imersão em meio à natureza), diante de centenas de homens que vieram de todos os cantos do Brasil à edição de Balneário Camboriú, em busca de direção, cura e transformação pessoal.

Naquela ocasião, falei sobre Naamã, um poderoso general de guerra dos tempos bíblicos, respeitado pelo povo, admirado pela inteligência estratégica e condecorado pelas vitórias nos campos de batalha. Naamã era, aos olhos de todos, um homem invencível. Mas, por trás da armadura, ele tentava esconder uma doença: a lepra. Uma doença que, naqueles tempos, não apenas destruía o corpo, mas isolava socialmente, humilhava, marcava o indivíduo com um estigma de impureza.

Para tentar se curar, ele decidiu buscar a ajuda do profeta Eliseu, e recebeu o conselho de se lavar sete vezes nas águas turvas do rio Jordão. Mas aquilo feriu o orgulho de Naamã, pois ele esperava algo mais grandioso, solene. Esperava uma solução compatível com o status dele. Mergulhar em um rio sujo? Despir-se diante de todos e mostrar as próprias feridas? Era demais para ele.

Mas ele se rendeu, aceitou se expor e, então, a cura aconteceu. Não apenas a cura da pele, mas a de dentro: Naamã foi curado da arrogância, do medo de parecer fraco, da necessidade de controle. Sua restauração começou no momento em que ele se permitiu ser vulnerável.

E ali, diante daquele grupo de homens no Legendários, eu disse a eles – e agora digo a você, leitor: todos temos males escondidos sob nossa armadura. Todos temos algo que nos envergonha, que tentamos esconder dos outros e até de nós mesmos. Todos temos um rio no qual precisamos mergulhar. E esse mergulho, por mais desconfortável que pareça, é o início da verdadeira transformação.

Alguns dos homens presentes naquele dia me procuraram depois para dizer o quanto se sentiram retratados. Um comediante, que costuma arrancar risos por onde passa, confessou: "Atrás de cada sorriso meu tem um trabalho interior, em minha alma, para que meu riso afete os outros". Empresários bem-sucedidos entenderam que muitas das buscas por conquista são armaduras bonitas cobrindo dores não resolvidas.

Naquele momento, percebi que, independentemente do título, do patrimônio ou do papel que exercemos, todos carregamos em algum grau o mesmo chamado: olhar para dentro, reconhecer nossas feridas e decidir enfrentá-las com coragem. Naamã quase perdeu a oportunidade de se curar porque hesitou diante da simplicidade do caminho. E quantas vezes nós fazemos o mesmo?

Tornamo-nos especialistas em disfarces. Aprendemos a aparentar controle quando por dentro estamos em ruínas. Mas chega uma hora em que é preciso parar de remendar armaduras e, finalmente, escolher mergulhar na verdade, na responsabilidade, na fé e no propósito.

Proponho a você, neste momento, um mergulho simbólico. Seja qual for sua dor – medo, orgulho, cansaço, insegurança, autossabotagem –, a cura começa quando você aceita descer ao rio Jordão que existe dentro de sua alma e dizer, com humildade: *preciso me despir do que me afasta de meu chamado, assumir quem sou e o que vim fazer neste mundo de verdade.*

A transformação não é um evento exclusivo de quem está no fundo do poço. Ela é, acima de tudo, uma escolha contínua, válida para todos, inclusive (e especialmente) para aqueles que já alcançaram muito.

Quantas vezes confundimos estabilidade com plenitude? Quantas vezes o sucesso aparente nos faz acreditar que não há mais nada a ser feito, aprendido ou transformado? É um engano sutil, mas perigoso porque, quanto mais alto estamos, mais fácil é acreditar que já chegamos. E quanto mais acreditamos nisso, mais fácil é parar de crescer.

Deus nunca nos chamou para uma vida de acomodação. Ele nos chamou para um movimento constante de aperfeiçoamento interno e externo, pessoal e coletivo. E esse movimento exige humildade. Só continua crescendo quem reconhece que ainda não está pronto.

Em minha caminhada, percebi que os maiores líderes, os mais sábios, os mais inspiradores, são justamente aqueles que não pararam de mergulhar em si. São aqueles que, mesmo com currículo extenso, autoridade comprovada, história inspiradora, continuam permitindo que Deus trate as áreas ocultas de seus corações. Continuam ouvindo, desapegando, aprendendo e desaprendendo o que não serve mais. Continuam se refazendo o tempo todo. Afinal, o desenvolvimento contínuo é para todos!

É para o jovem que ainda está descobrindo quem é. Para o adulto que sente que estagnou. Para o gestor que carrega o peso de decisões difíceis. Para o pai que quer ser mais presente. Para a mulher que cansou de se esconder. Para o líder que percebeu que precisa voltar a ser discípulo.

E, sim, crescer dói. Dói reconhecer que há áreas que precisam ser mudadas. Dói encarar que, às vezes, fomos nós que sabotamos nosso próprio caminho. Mas há uma dor ainda maior: a de passar pela vida sem viver a própria grandeza. E grandeza não é fama, não é aplauso. Grandeza é coerência. É viver alinhado com o que se é, com o que se crê, com o que se entrega.

A Bíblia diz em Provérbios 4:18: "A vereda do justo é como a luz da alvorada, que brilha cada vez mais até a plena claridade do dia". Ou seja, não tem a ver com perfeição imediata, mas com evolução constante. É não aceitar ficar parado no mesmo lugar e deixar Deus iluminar as áreas que ainda estão na penumbra.

Não há diploma para o amadurecimento. Como costumo dizer, temos que nos ajustar a tempos de mudança e, ao mesmo tempo, nos manter fiéis aos princípios que não mudam.

Se chegou até aqui neste livro, é porque há em você um desejo sincero de se tornar imparável. E ser imparável não é ser indestrutível, e sim estar disponível para o processo. É entender que o verdadeiro poder está em não parar de crescer.

Você já sabe também que a transformação não acontece por acaso. Começa no pensamento, porque somos aquilo que escolhemos pensar todos os dias. Ela se manifesta no corpo, porque o modo como nos colocamos no mundo comunica mais do que palavras. Ela se fortalece com autorresponsabilidade, quando paramos de esperar pelos outros e assumimos o protagonismo de nossa história.

Ela floresce na vulnerabilidade, quando temos coragem de mostrar quem somos de verdade, mesmo com medo. Ela se sustenta na resiliência, a arte de continuar mesmo quando tudo parece desmoronar. E, por fim, ela se amplifica pela influência consciente que exercemos quando decidimos que nosso impacto não será por acaso, mas fruto de uma intenção clara: deixar o mundo um pouco melhor do que encontramos.

E, também, a esta altura, você já percebeu: nenhuma jornada é completa se termina em si mesma. O verdadeiro sentido da vida não está apenas em conquistar, em crescer, em vencer, mas em compartilhar o que se conquista, em crescer junto com o outro, em vencer sem perder o vínculo com o alto.

Costumo dizer que a vida é, na melhor das hipóteses, um grande triângulo. Num dos ângulos está o indivíduo, com seus sonhos, suas dores e sua história. No outro, estão as pessoas, seus vínculos, seus relacionamentos e a comunidade. E, no vértice mais alto, está Deus: a fonte, o propósito e o sentido maior de tudo. Enquanto essas três dimensões não estiverem conectadas, em harmonia, algo sempre vai parecer incompleto.

Quando o eu se alinha com o outro, e ambos se alinham com Deus, então a vida ganha um brilho diferente; tudo passa a fazer sentido. As dores se tornam sementes, os fracassos viram degraus, e as vitórias, plataformas de serviço.

Por isso, não basta vencer sozinho. Não basta ser bom apenas para si mesmo. O verdadeiro propósito se revela quando sua vida se torna resposta na vida de alguém.

A VERDADEIRA REALIZAÇÃO É COLETIVA

Você pode ter dons incríveis. Pode construir uma carreira brilhante, acumular conquistas, formar uma bela família, viajar o mundo e realizar seus maiores sonhos. Mas se tudo isso terminar em você, se sua existência não transbordar para além de seus próprios limites, algo sempre estará faltando. Porque a verdadeira realização não acontece no isolamento, ela floresce no encontro.

Deus nunca nos chamou para vivermos apenas para nós mesmos. Desde o início, fomos criados para a comunhão, para o serviço, para o cuidado mútuo. O maior mandamento de todos é este: "Ame o Senhor, o seu Deus... Ame ao seu próximo como a si mesmo" (Mateus 22:37; 39). Não é um ou outro, é tudo junto! É amar a Deus, cuidar de si e servir ao outro. Um propósito que não passa por esse caminho é só um objetivo disfarçado.

Por isso, seu propósito individual só encontra plenitude quando se conecta a algo maior, coletivo, cooperativo, e também quando sua história inspira outros a reescreverem a própria trajetória. Você foi feito para isso!

Talvez, tudo o que o mundo esteja esperando é que você finalmente aceite esse chamado. Você foi feito para dar direção às pessoas.

O MUNDO ESPERA POR VOCÊ

Tudo o que foi dito até aqui converge para um ponto: não basta apenas entender, é preciso agir.

Você já viu sua história com novos olhos. Já reconheceu suas forças e suas feridas. Já entendeu o poder de seus pensamentos, o impacto de sua linguagem, a urgência da autorresponsabilidade, a beleza da vulnerabilidade, o valor da resiliência, o peso da influência. Agora é hora de transformar tudo isso em movimento.

Porque o mundo não será tocado por suas intenções, mas por suas atitudes. As pessoas à sua volta não serão curadas pelo que você sabe, mas pelo que você entrega. A cidade, o bairro, a família, a geração à qual você faz parte não precisam de mais especialistas na teoria, precisam de gente disposta a fazer, a não se esconder. Gente que serve e que age.

E, olha só, você não precisa estar pronto para começar. Precisa apenas estar disponível. Pode começar aos poucos, pequeno. Use o que você já sabe, o que você tem, o que você é. E ofereça ao coletivo, com generosidade, fé e coragem.

A maior diferença entre quem deixa um legado e quem apenas passou pela vida é que um decidiu servir, enquanto o outro esperou ser servido.

Então, agora você pode fechar este livro, mas não feche o que ele despertou em você. Não arquive o que sentiu, não adie a decisão, não espere o momento ideal, pois ele nunca virá. O tempo e o momento são agora.

Encontre sua montanha e conquiste-a de dentro para fora.

Agora, vá.

O mundo espera por você.

Este livro foi impresso
pela gráfica Grafilar em
papel lux cream 70 g/m²
em outubro de 2025.